Jahrbuch der Sicherheitswirtschaft 2018

Bartosz Makowicz / Rolf Stober (Hrsg.)

Jahrbuch der Sicherheitswirtschaft 2018

PETER LANG

Bibliografische Information der Deutschen Nationalbibliothek
Die Deutsche Nationalbibliothek verzeichnet diese Publikation
in der Deutschen Nationalbibliografie; detaillierte bibliografische
Daten sind im Internet über http://dnb.d-nb.de abrufbar.

ISBN 978-3-631-78114-2 (Print)
E-ISBN 978-3-631-79628-3 (E-PDF)
E-ISBN 978-3-631-79629-0 (EPUB)
E-ISBN 978-3-631-79630-6 (MOBI)
DOI 10.3726/b10918

© Peter Lang GmbH
Internationaler Verlag der Wissenschaften
Berlin 2019
Alle Rechte vorbehalten.

Peter Lang – Berlin · Bern · Bruxelles · New York ·
Oxford · Warszawa · Wien

Diese Publikation wurde begutachtet.

www.peterlang.com

Inhaltsverzeichnis

Manfred Buhl

CEO Securitas Deutschland (bis 31. März 2019) und Vizepräsident BDLS

Aktuelle Herausforderungen für die Sicherheitswirtschaft

Im Rahmen des 17. FORSI-Sicherheitswirtschaftstages in Frankfurt/Oder

Vorbemerkungen

Die deutsche Wirtschaft ist stabil und erfolgreich. Da bildet die Sicherheitswirtschaft keine Ausnahme.

Der Branchenumsatz der Sicherheitsdienstleister ist in den Jahren 2010 bis 2015 in Deutschland um 37 Prozent auf 6,9 Milliarden Euro angewachsen, allein im Jahr 2015 – vor allem aufgrund der neuen Aufgabe des Schutzes von Flüchtlingsunterkünften – um 14 Prozent. Die gesamte Sicherheitsbranche erwirtschaftete 2015 einen Umsatz von mehr als 14,5 Milliarden Euro. Auch für das Jahr 2016 meldete der Bundesverband der Sicherheitswirtschaft (BDSW) wenige Tage nach dem 17. FORSI-Sicherheitswirtschaftstag ein deutliches Umsatzplus von unbereinigt rund 20 Prozent. (Anmerkung: Diese unbereinigte Steigerung verzerrt allerdings das Bild nach oben, da in der Statistik eine Auftragsweitergabe – auch in Teilen – an ein Subunternehmen doppelt, wenn nicht gar mehrfach erfasst wird; die reale Umsatzsteigerung der Branche dürfte also klar niedriger liegen.) Nach Schätzungen des BHE sind 2016 die Umsätze von Videoüberwachungssystemen um 6,6 Prozent auf 504 Millionen Euro gestiegen, von Alarmanlagen um 8,8 Prozent auf 800 Millionen Euro. Die Facherrichter beurteilen ihre aktuelle Geschäftslage mit 1,92 (in der Schulnoten-Systematik), dem besten Wert seit Beginn der Erhebungen.

Es spricht vieles dafür, dass sich die gute Konjunktur in der Sicherheitswirtschaft in den nächsten Jahren fortsetzt. Das Sicherheitsbedürfnis nimmt eher zu, und die Sicherheitstechnik bleibt innovativ. Integrierte Sicherheitslösungen mit intelligenter Verknüpfung von Sicherheitstechnik und Sicherheitsdienstleistung werden immer häufiger gefordert werden. Einen Schwerpunkt des Sicherheitsbedürfnisses der Wirtschaft werden weiterhin die IT-Sicherheit und die Abwehr von Cyberangriffen bilden.

1. Aktuelle Herausforderungen für die Sicherheitswirtschaft

Und doch gibt es in der Sicherheitswirtschaft **Baustellen**, die noch nicht abgeschlossen sind und Herausforderungen für die Sicherheitswirtschaft bilden:

- Da ist zum einen die **Digitalisierung und Vernetzung der Wirtschaft**, die auch die Sicherheitswirtschaft erfasst und sie herausfordert.
- Eine zweite große Herausforderung bildet der **demographische Wandel**, der sich in doppelter Hinsicht negativ auf das Sicherheitsgewerbe auswirkt: Es fehlt an qualifizierten Fachkräften für diese Branche. Der Arbeitsmarkt ist fast „leergefegt". Und der demographische Wandel verschiebt den Altersdurchschnitt in der Arbeitswelt. Sicherheitsdienstleister brauchen aber Einsatzkräfte, die körperlich und gesundheitlich in der Lage sind, zu schützende Objekte gegen kriminelle Angriffe zu verteidigen und auch sich selbst notfalls mit Gegengewalt zu verteidigen.
- Die dritte aktuelle Herausforderung für die Sicherheitswirtschaft ist die ständig wachsende **Cyberkriminalität**, deren Gefährlichkeit mit der zunehmenden Digitalisierung und Vernetzung der Gewerke und Maschinen weiter zunimmt. Vor allem die mittelständische Wirtschaft hat hier einen hohen Nachholbedarf zu bewältigen.

Andere aktuelle Herausforderungen für die Sicherheitswirtschaft liegen in **bestimmten Tätigkeitsbereichen**:

- Die **Passagierkontrollen auf Flughäfen** müssen lückenlos und gründlich sein und sollen auch in Stoßzeiten nicht zu Verzögerungen im Flugverkehr führen, was die Schichtstärkenberechnung und Kostenkalkulation enorm erschwert.
- Der **Schutz von Flüchtlingsunterkünften** und ihren Bewohnern erfordert hohe Personalressourcen und für die einzusetzenden Kräfte viel Kommunikations- und Deeskalationsfähigkeit, soziale und interkulturelle Kompetenz.
- Der Schutz von **Großveranstaltungen** wie die „Love Parade" oder von Fußballspielen in den Sportstadien stellt ebenfalls eine starke Herausforderung für die mit Schutzmaßnahmen beauftragten Sicherheitsdienstleister und ihre Einsatzkräfte dar. Die für die Stadionsicherheit wichtigen Einlasskontrollen erfolgen zumeist unter hohem Zeitdruck, und in den Stehplatzbereichen drohen Eskalationen, die von den eingesetzten Sicherheits- und Ordnungskräften schwer zu bewältigen sind.
- Eine nicht abnehmende Herausforderung stellt schließlich die auf falsch verstandener Sparsamkeit basierende **Entscheidungspraxis im Vergabeverfahren** dar: der niedrigste – und nicht der wirtschaftlichste – Preis eines Angebots

erhält den Zuschlag. Weil Billiganbieter auf Dauer keine hochwertige Leistung erwirtschaften und erbringen können, kauft der Auftraggeber die Sicherheitsdienstleistung viel zu teuer ein. Und das Image des Sicherheitsgewerbes nimmt Schaden.

Noch wichtiger als die Darstellung der Herausforderungen, vor die sich die Sicherheitswirtschaft gestellt sieht, ist es zu zeigen, wer die Kompetenz, die Verantwortung und die Möglichkeit hat, diese **herausfordernden Aufgaben zu lösen**:

- die **Sicherheitswirtschaft**, also vor allem die sicherheitstechnische Industrie und das Sicherheitsgewerbe
- die **Kunden** dieser Wirtschaftsbranchen oder
- der **Staat** mit seinen Möglichkeiten der Wirtschafts- und der Sicherheitspolitik, der Gesetzgebung und des Verwaltungshandelns.

2. Lösungskompetenz beim Sicherheitsgewerbe

Lassen Sie uns mit dem Sicherheitsgewerbe beginnen:

- Das Sicherheitsgewerbe ist gut beraten, wenn es die Herausforderung der **Digitalisierung** annimmt. Das bedeutet zunächst einmal die Aufnahme der im Einsatz anfallenden Daten in einem digitalen Wächterkontrollsystem. Das erleichtert die Informationsaufnahme und Informationsweitergabe. Es erspart Zeit und Aufwand. Mit der Digitalisierung ist ein hohes Datenaufkommen – Big Data – verbunden. Das ist in einer unternehmensinternen Datenbank zu speichern. So können wertvolle Erfahrungen gewonnen und künftige Leistungen optimiert werden.
- Im August 2016 waren bundesweit 12.180 Stellen in der Sicherheitswirtschaft nicht besetzt. Bei geschätzten 300.000 Beschäftigten in der gesamten Sicherheitsbranche sind das 4 Prozent. Auf **drei Wegen** kann das Sicherheitsgewerbe dieser Herausforderung begegnen: Es muss erstens ständig bestrebt sein, das **Qualifizierungsniveau** der Beschäftigten durch Aus- und Weiterbildung anzuheben. Das ist auch erforderlich, um schwierige Sicherheitsfunktionen in Unternehmen ausfüllen zu können. Viel zu wenig Beschäftigte lassen sich zur Fachkraft für Schutz und Sicherheit oder aus Servicekraft für Schutz und Sicherheit ausbilden und viel zu viele brechen die Ausbildung ab. Zweitens sollten die **Löhne** in der Sicherheitswirtschaft in den nächsten Jahren überproportional steigen und damit Bewerber anreizen. Und drittens sollten mindestens die großen Unternehmen eine **Personalentwicklungs-Konzeption** erarbeiten, die Bewerbern Aufstiegschancen signalisiert.

- Für schwierige Aufgabenbereiche sollten die größeren Unternehmen des Sicherheitsgewerbes **Kompetenzteams** oder Segmente in der Unternehmensorganisation einrichten. Spezialisierung fördert die Kompetenz.
- Sicherheitsunternehmen müssen die vereinbarten Tariflöhne bei der Angebotsabgabe einhalten. Oft stimmt zwar auf den ersten Blick die Monatsabrechnung formal mit dem Tariflohn überein. Das Problem liegt häufig in der Nichteinhaltung von manteltariflichen Leistungen versteckt. Der **Sozialbetrug** findet durch falsche Arbeitszeitangaben oder durch Abzüge von virtuellen Kosten statt, alles geschickt getarnt.
- Der Begriff der **Compliance**, also der Pflicht der Unternehmensführung wie auch der Mitarbeiter, Normen und Richtlinien zu befolgen, ist für die Unternehmenskultur von zentraler Bedeutung. Auch eine Wirtschaftsbranche sollte nicht auf Richtlinien für eine wirtschaftsethisch einwandfreie Unternehmensführung verzichten. Der Bundesverband BDSW hat bisher keinen für seine Mitglieder verbindlichen Verhaltenskodex. Zwar enthält die Satzung des Verbandes Verhaltenspflichten.

Für das Image der Sicherheitswirtschaft wäre aber ein **verbindlicher Verhaltenskodex** von Vorteil.

3. Lösungskompetenz der sicherheitstechnischen Industrie

- Der Herausforderung zunehmender Industriespionage vor allem durch Social Engineering und Cyberspionage muss die sicherheitstechnische Industrie mit einem verstärkten **Schutz ihres speziellen Know how** begegnen. Ebenso wichtig wie der Grundschutz für das gesamte Unternehmen ist die spezifische Sicherung der „Kronjuwelen" durch physischen und virtuellen Schutz und durch Sensibilisierung der Mitarbeiter für Social Engineering und IT-Sicherheit, vor allem für den Schutz mobiler privater Endgeräte, die beruflich unter dem Slogan „BYOD" (Bring Your Own Device) genutzt werden.
- Der Herausforderung durch ausländische Konkurrenz kann die deutsche sicherheitstechnische Industrie letztlich nur durch hohe Produktqualität und **innovative Weiterentwicklungen** begegnen. Dass ihr das gelingt, zeigen die sicherheitstechnischen Messen ebenso wie die Exporterfolge. Das Internet der Dinge und die Ausrüstung von Geräten mit künstlicher Intelligenz sind die aktuellsten Forschungs- und Entwicklungsbereiche der sicherheitstechnischen Industrie. Roboter, Drohnen und intelligente Videokameras werden zu „selbstlernenden Maschinen".

4. Lösungskompetenz unserer Kunden

– Dem Risiko, mit der **Auftragsvergabe zum niedrigsten Preis** viel zu teuer einzukaufen, weil die angebotene Leistung auf Dauer an Qualität einbüßt oder weil der Kampf um den Auftrag auf dem Rücken der um Pausen und Zuschläge betrogener Arbeitskräfte ausgetragen wurde, entgeht der Einkäufer, wenn er die Vorgaben der DIN-Norm 77200 und des vom europäischen Verband CoESS erarbeiteten „Bestbieter-Handbuchs" einhält. Nach diesen Vorgaben erhält die Qualitätsbeurteilung des Angebots ein mehr oder weniger starkes Gewicht neben dem Angebotspreis als Entscheidungskriterium für den Auftraggeber. Das „Bestbieter-Handbuch" bietet dem Nutzer für die Bewertung der Gebote ein geschlossenes Instrumentarium, um die dem Bedarf angemessene Auswahl zielgenau zu treffen.

– Der Herausforderung, eine der Bedrohungslage entsprechende möglichst effiziente und zugleich kostengünstige **ganzheitliche Sicherheitslösung** zu finden, entspricht ein Unternehmen oder eine Behörde am besten, wenn es bzw. sie nicht „Mannstunden" auf Grund einer selbst gebastelten Sicherheitskonzeption ausschreibt, sondern die Erarbeitung der Sicherheitskonzeption. Beratende Sicherheitsdienstleister sind darin geschult, aufgrund einer Risikoanalyse und eines gründlichen Sicherheits-Scans die optimale Lösung zu entwickeln. Vor allem Unternehmen der mittelständischen Wirtschaft sollten sich auf ihr „Kerngeschäft" konzentrieren und eine externe Sicherheitskonzeption einholen und akzeptieren.

5. Lösungskompetenz staatlicher Organe

Viele der angesprochenen Herausforderungen lassen sich nur durch politische Entscheidungen, durch Gesetzgebung und behördliches Vorgehen meistern.

– Das **Vergaberecht** muss trotz der getroffenen Neuregelungen weiter verstärkt werden, um die Verwechslung von wirtschaftlichstem mit niedrigstem Angebot entgegenzuwirken. Zu prüfen ist insbesondere:
  ■ eine bestimmtere Fassung des unbestimmten Rechtsbegriffs „wirtschaftlichstes Angebot" in § 97 Abs. 5 Kartellgesetz
  ■ die Möglichkeit einer Ausweitung der Verfahrensart des wettbewerblichen Dialogs
  ■ die Ausdehnung des Vergaberechts auf alle Bereiche kritischer Infrastrukturen
  ■ eine Verpflichtung zur Zulassung von Nebenangeboten

- die Verpflichtung zur Prüfung der Leistungsfähigkeit des Anbieters einschließlich der Überprüfung der vorgeschriebenen Haftpflichtversicherung unter Berücksichtigung vertraglicher Ausschlüsse
- eine Änderung der Kannvorschrift zur Ablehnung des Zuschlags von ungewöhnlich niedrigen Angeboten in § 60 Abs. 3 Satz 1 VgV in eine Muss-Vorschrift
- Einrichtung des Registers kriminalitätsbelasteter Unternehmen; Abfragepflicht öffentlicher Auftraggeber.

- Die **Eintrittsbarriere** zur Gründung eines Sicherheitsunternehmens ist trotz der Einführung der Sachkundeprüfung als Voraussetzung noch viel zu niedrig. Eine Kombination der bestandenen Prüfung als Fachkraft für Schutz und Sicherheit oder eines erfolgreichen Abschlusses eines technischen, juristischen, betriebswirtschaftlichen Studiums oder eines Studiums des Sicherheitsmanagements mit einer mehrjährigen beruflichen Praxis sollte eine erfolgreiche Führung des Sicherheitsunternehmens nach den Grundsätzen eines „ordentlichen Kaufmanns" gewährleisten.
- Die aktuellen Herausforderungen der Vergabe von Aufträgen zum **Schutz von Flüchtlingen** und ihren Unterkünften, Aufträgen zum Schutz von **Großveranstaltungen**, insbesondere in Sportstadien, an Sicherheitsdienstleister erfordern spezifische Qualifikationen. Sie müssen normiert werden.
- Die Bewertung der Sicherheitswirtschaft als **Teil der Architektur der Inneren Sicherheit** muss die politische Umsetzung folgen. Die Übernahme der Aufsicht und Kontrolle des Sicherheitsgewerbes in den Geschäftsbereich der Innenminister in Bund und Ländern wäre ein sichtbares Zeichen dafür, dass der Staat nicht nur die Gewerbefreiheit gewährleistet, sondern auch Zuverlässigkeit, Qualifizierung und Leistungsfähigkeit der Sicherheitsunternehmen intensiv kontrolliert und antreibt. Mit Ausnahme von Österreich und Deutschland liegt das Sicherheitsgewerbe im Geschäftsbereich des jeweiligen Innen- oder Justizministeriums.
- Das Gewerberecht für das Bewachungsgewerbe – wann wird der veraltete Begriff endlich abgelöst von der sachgerechten Bezeichnung „Sicherheitsgewerbe"? – muss abgelöst oder ergänzt werden durch ein „sektorspezifisches **Gesetz der privaten Sicherheit**". Dann besteht die Möglichkeit, über die Unternehmen des Sicherheitsgewerbes hinaus auch die Wahrnehmung von Sicherheitsfunktionen durch alle Unternehmen oder durch Angestellte eines Sportvereins oder Stadionbetreibers in die notwendige Regulierung einzubeziehen.
- Wirkungsvoll können private Sicherheitsdienstleister Aufgaben im Bereich der **kommunalen Sicherheit** nur wahrnehmen, wenn sie mit minimalen Ho-

heitsbefugnissen zur Überprüfung von Personalien und zum Ausspruch eines Platzverweises beliehen werden.

- Bei der Novellierung des Programms Innere Sicherheit im Jahr 2009 hat die Innenministerkonferenz eine **spezifische Zertifizierung** von Sicherheitsdienstleisterns als Voraussetzung der Übernahme von anspruchsvollen Aufgaben zum Schutz kritischer Infrastrukturen und der Zusammenarbeit mit der Polizei im öffentlichen Raum gefordert. Diese Zertifizierung muss endlich eingeführt und gesetzlich verankert werden, damit sie eine zwingende Voraussetzung der Auftragsvergabe bildet.

- Bei der verbesserten Zusammenarbeit im komplexen Bereich Wirtschaftsschutz mit dem Staat ist immer wieder festzustellen, dass dieses Thema eine Vielzahl von Zuständigkeiten in Ministerien und Sicherheitsbehörden tangiert. Es wäre für die Sicherheitsarchitektur ein Mehrwert, wenn die Wirtschaft einen zentralen Ansprechpartner auf hoher politischer Ebene erhielte. Dieser **Beauftragte der Bundesregierung für Wirtschaftsschutz** könnte Anliegen der Wirtschaft aufgreifen und Prozesse für neue Kooperationsformen zwischen Staat und Wirtschaft, gerade auch im Hinblick auf die Schaffung neuer rechtlicher Rahmenbedingungen, ressortübergreifend anstoßen und koordinieren.

- Die Herausforderung der Notwendigkeit, die Sicherheitstechnologie ständig weiter zu entwickeln und zu erforschen, wird sowohl von der sicherheitstechnischen Industrie und vielen Start Ups angenommen wie auch von Forschungsinstituten wie den Fraunhofer Instituten und universitären Forschungseinrichtungen. Aber diese **Forschung ist aufwändig und bedarf staatlicher Förderung.** Die Bundesregierung hat dafür seit 2007 bereits 500 Millionen Euro ausgegeben. Seit September 2016 läuft das vom BMBF mit 1,4 Millionen Euro unterstützte Sicherheitsforschungsprogramm OSIMA (Ordnung des Sicherheitsmarktes). Rahmenprogramme für Sicherheitsforschung existieren seit dem Jahr 2007 auch in der EU. Für die europäische Sicherheitsforschung werden von 2014 bis 2020 insgesamt 1,7 Milliarden Euro zur Verfügung gestellt. Die Förderung muss fortgesetzt und ausgebaut werden, damit Innovation das Markenzeichen der deutschen sicherheitstechnischen Industrie bleibt.

Fazit

Die eingangs beschriebenen aktuellen Herausforderungen können beherrscht und gelöst werden, wenn alle Stakeholder ihren Kompetenzbereich und ihre Möglichkeiten ausschöpfen: Sicherheitsgewerbe und sicherheitstechnische Industrie, deren Kunden, Staat und Kommunen. Zweifellos wird dadurch die Innere Sicherheit in Deutschland gestärkt werden.

Jannis Jost

Absicherung von Massenveranstaltungen in Zeiten realer terroristischer Bedrohungen – Beiträge aus der Wissenschaft

„Trotz Terror nach London zu Massenveranstaltung?

Hey,

ich habe vor kurzem ein Ticket für das Event British Summer im Hyde Park in London gekauft, das ist ein Festival das 10 Tage dauert und es finden verschiedene Konzerte dort statt. Das Ganze ist wirklich sehr sehr groß und nun ist es so, dass ich aufgrund der momentanen Situation Angst habe, dort hin zu fliegen, 1. weil London an sich ja schon gefährdet sein könnte, und so eine Massenveranstaltung sich ja zusätzlich für einen Terrorakt anbieten würde.

Mich beschäftigt dieser ganze Terror schon sehr, auch wenn es nicht so ist, dass ich mich nicht mehr aus dem Haus traue. Ich habe nicht vor, jetzt ewig auf Konzerte oder aufs Fliegen etc. zu verzichten, aber trotzdem möchte ich das Schicksal quasi nicht herausfordern, indem ich demnächst auf so eine Riesenveranstaltung gehe. Habe irgendwie gerade kein gutes Gefühl bei der Sache :(."

Nutzerin auf gutefrage.net, 2015[1]

Einleitung

„Habe irgendwie gerade kein gutes Gefühl bei der Sache" – dieser Satz der Nutzerin auf einer populären Frage-Antwort-Plattform im Internet drückt das Empfinden vieler Menschen aus, wenn es darum geht, sich dieser Tage in großen Menschenansammlungen zu bewegen. 2016 hatten 73 % der Deutschen „große Angst" vor Terroranschlägen. Die Furcht vor Terrorismus war damit (erstmals) die am weiten verbreitetste Angst im Land.[2] Und die Antworten, die die Fragestellerin erhält, sind ebenso prototypisch für die breitere gesellschaftliche Debatte. Sie kreisen um zwei wesentliche Punkte: Erstens, die Wahrscheinlichkeit, dass tatsächlich etwas passiert, ist extrem gering und zweitens, man kann sein Leben nicht von Angst bestimmen lassen, sonst haben die Terroristen gewonnen.

---

1   Zitiert nach [Verfasserin anonymisiert] „Trotz Terror nach London zu Massenveranstaltung", gutefrage.net, 22. November 2015.

2   Vgl. o.V.: „Die Ängste der Deutschen". Umfrage des Instituts für Demoskopie Allensbach im Auftrag der R+V Versicherung, 12. Juli 2016.

Beide Punkte sind wahr und dürfen deshalb in der weiteren Diskussion nicht vergessen werden. Gleichzeitig bilden sie nicht die volle Wahrheit ab. Einerseits ist es richtig, dass das mathematische Terrorismusrisiko in keinem Verhältnis zur Terrorismusangst steht. 2015 fanden in den gesamten OECD-Staaten (das schließt Israel und die Türkei mit ein) lediglich 6 % der weltweiten Terroranschläge statt. Nur 2 % der weltweiten Terroropfer waren in diesen Staaten – gemeinhin als „der Westen" bezeichnet – zu beklagen.[3] In Deutschland war 2015 die Gefahr, bei einem Verkehrsunfall zu sterben, 579-mal so hoch wie die Gefahr, Opfer eines Terroranschlags zu werden.[4] Terrorismusängste lassen sich mit derartigen Zahlen andererseits kaum zerstreuen: Risikowahrnehmung ist ein emotionaler Prozess, kein stochastischer, und Menschen empfinden Schockrisiken (wie Terroranschläge) stets bedrohlicher als latente Risiken (wie Rauchen oder Straßenverkehr).[5] Das Empfinden der Fragestellerin ist also mehr als nachvollziehbar, gerade aus heutiger Sicht. Die Arbeit an diesem Beitrag begann ca. 10 Stunden nachdem sich am 22. Mai 2017 ein Selbstmordattentäter auf einem Konzert in Manchester in die Luft sprengte, 22 weitere Menschen tötete und 59 verletzte. Fünf Monate zuvor hatte Anis Amri einen Lastwagen in einen Berliner Weihnachtsmarkt gesteuert und elf Menschen getötet sowie 55 verletzt. Ca. zehn Monate zuvor waren in Nizza bei einem ganz ähnlichen Angriff 86 Menschen getötet und mehr als 400 verletzt worden, 18 Monate zuvor hatten Terroristen in Paris 130 Menschen ermordet und 352 verletzt, als sie unter anderem ein Konzert und ein Fußballspiel angriffen. Die Einschätzung der besorgten Fragestellerin, dass „[...] Massenveranstaltungen sich ja [...] für einen Terrorakt anbieten [...]" bestätigte sich also in den kommenden Monaten auf grausame Art.

Die langfristigen Auswirkungen dieser Tatsache sind schwieriger zu kalkulieren. Vertreter des Dienstleistungsgewerbes in den betroffenen Städten schätzen ihre Einbußen nach den Anschlägen als durchaus signifikant ein, im Großen und Ganzen sind langfristige finanzielle Schäden – abgesehen von kurzfristigen

---

3   731 Anschläge und 577 Todesopfer in OECD-Staaten bei 12.089 Anschlägen und 29.376 Todesopfern weltweit. Vgl. Institute for Economics and Peace: Global Terrorism Index 2016. IEP Report Nr. 43, November 2016.

4   Gemessen an sechs Todesopfern bei Terroranschlägen (Vgl. Institute for Economics and Peace: Global Terrorism Index 2016, S. 42) und 3.475 Todesopfern bei Verkehrsunfällen (Vgl. o.V.: „Erneut mehr Verkehrstote in Deutschland", Spiegel Online, 25. Februar 2016).

5   Vgl. Vorsamer, Barbara: „Warum wir keine Angst zeigen sollten", Süddeutsche Zeitung online, 16. November 2015.

Reisestornierungen und vorübergehenden Kurseinbußen bei tourismusbezogenen Unternehmen – aber nur schwer nachzuweisen.[6] Trotz mulmiger Gefühle sind auch viele Massenveranstaltungen weiterhin gut gefüllt. Teils weil auch Schockrisiken effektiv verdrängt werden können – eine ganz normale Reaktion auf Risiken –, teils weil dem Terrorismus eine demonstrative Normalität als Trotzreaktion entgegengesetzt wird. Auf einer politisch-philosophischen Ebene ist die Resilienz gegenüber terroristischer Erpressung, die in diesen Trotzreaktionen zum Ausdruck kommt, durchaus zu begrüßen.[7] In der Realität ist es aber nicht der Sinn von Massenveranstaltungen, ein Zeichen gegen Angst zu setzen. Sie sollen den Besucherinnen und Besuchern Unterhaltung und Freude bringen sowie wirtschaftlichen Interessen dienen. Das Wohlbefinden der Beteiligten ist dafür essenziell, und dabei spielt wiederum das Sicherheitsempfinden eine signifikante Rolle. Die Besucher wollen sich von einem vertrauenswürdigen Sicherheitskonzept geschützt wissen, wenn die sichtbaren Aspekte dieses Konzeptes aber als zu bedrückend wahrgenommen werden, kann das den gegenteiligen Effekt haben.[8]

Der Schutz von Massenveranstaltungen vor terroristischen Bedrohungen findet im Spannungsfeld zwischen diesen drei Punkten statt: 1) der realen Bedrohung von schweren Anschlägen, die in den letzten Jahren gestiegen ist; 2) dem Umstand, dass es sich trotzdem weiterhin um ein hochgradig unwahrscheinliches Szenario handelt – eine Tatsache, die sich oft unweigerlich in der Ressourcenallokation widerspiegelt –; und 3) dem subjektiven Empfinden der Besucherinnen und Besucher als wichtigem Kriterium, wonach Massenveranstaltungen nicht nur sicher, sondern auch angenehm sein sollen.

Erfahrung, *Intelligence* und Wissenschaft

Was kann die Wissenschaft nun zur Sicherung von Massenveranstaltungen innerhalb dieses Spannungsfeldes beitragen? Grob gesagt steht die Wissenschaft – bzw. die Summe wissenschaftlicher Erkenntnisse – für eine von drei Arten von Wissen,

---

6   Vgl. Walker, Andrew: „Paris attacks: Assessing the economic impact", BBC online, 02. Dezember 2015; vgl. Laird, Laurie: „The Paris Attacks and The Economic Impact of Terrorism", Forbes online, 16. November 2015.

7   Vgl. English, Richard: Terrorism – How to Respond? Oxford: Oxford University Press, 2009, S. 120 ff.

8   Vgl. U.S. Department of Justice – Office of Community Oriented Policing Services: Planning and Managing Security for Major Special Events. Washington DC, März 2007, S. 8.

die bei der Planung und Durchführung von Massenveranstaltungen helfen können und die jeweils Stärken und Schwächen haben.

Erfahrung bezeichnet Wissen, das in der Vergangenheit durch das Durchleben
bestimmter Situationen gesammelt wurde und das in die Zukunft projiziert beim
Umgang mit ähnlichen Situationen hilft. Eine gewisse Erfahrung ist für nahezu alle
Tätigkeiten von Vorteil, und die Planung und Sicherung von Massenveranstaltungen ist dabei keine Ausnahme. Wissen, das durch Erfahrungslernen – also in praktischen Zusammenhängen – erworben wird, wird besser internalisiert als bei anderen
Lernarten.[9] Grade Sicherheitskräfte wie Polizei und Militär wissen um diesen Umstand und versuchen, durch teils sehr aufwändige Szenarienübungen, Rollenspiele
und Manöver ihren Auszubildenden Erfahrungslernen zu ermöglichen, ohne sie
den Risiken einer unkontrollierten Situation auszusetzen. Simulationen, Planspiele
und „Red-Team-Exercises" können auf ähnliche Weise die Führungskräfte auf die
Planung und Durchführung einer Massenveranstaltung vorbereiten.[10] Sich über-
mäßig auf Erfahrung zu verlassen, ist allerdings riskant: Die bloße Tatsache, dass
man bestimmte Situationen bereits durchlebt hat, heißt nicht, dass man sie auch
optimal gemeistert hat. Kritische Reflektion ist ein unabdinglicher Bestandteil von
Erfahrungslernen – sonst wiederholt man einfach alte Fehler. Außerdem muss ein
ausreichendes Abstraktionsniveau sichergestellt werden – selbst wertvolle Erfahrungen „verfallen" sonst, wenn sich neuartige, unbekannte Situationen präsentieren.
Schlussendlich läuft man stets Gefahr, Erfahrung zu verlieren, wenn Erfahrungs-
träger z. B. versetzt werden oder in den Ruhestand gehen. In den Auslandseinsätzen
der Bundeswehr ist dieses Phänomen z. B. so virulent, dass mit „Kontingentgedächt-
nis" ein eigener Begriff dafür geprägt wurde.

Im Gegensatz zu Erfahrung ist *Intelligence* nicht personengebunden, sie geht
also nicht verloren, wenn ein z. B. ein Träger die Organisation verlässt. *Intelligence*
ist die Vorhersage von Verhalten zur Wahrung der nationalen Sicherheit, z. B. die
Analyse militärischer Bedrohungslagen, das Verstehen von außenpolitischen Strategien rivalisierender Staaten und – besonders wichtig für unseren Kontext – das
Aufspüren terroristischer Anschlagspläne. Übersetzen lässt sich *Intelligence* im
weiteren Sinne mit „nachrichtendienstlicher Arbeit" oder „Feindbeobachtung",
und im engeren Sinne mit „Aufklärungsergebnisse".[11] Grundsätzlich kann jeder

---

9   Vgl. Kolb, David A.: Experiential Learning: Experience as the Source of Learning and
    Development. Englewood Cliffs: Prentice-Hall, 1984.
10 Vgl. U.S. Department of Justice, Planning and Managing Security for Major Special
    Events, S. 89.
11 Da ich keine der möglichen Übersetzungen für ideal halte, bleibe ich bei dem eng-
    lischen – und international gebräulichen – Terminus. Auch andere Akteure als

Intelligence sammeln: Bei politisch kontroversen Veranstaltungen kann z. B. die Beobachtung einschlägiger Webseiten und Social-Media-Accounts Aufschluss darüber geben, mit welcher Qualität und Quantität an Protesten zu rechnen ist. Es muss jedoch nachdrücklich festgehalten werden, dass dies keinesfalls ein Ersatz für die *Intelligence*-Expertise von Nachrichtendiensten und Polizei ist, die über bessere Methoden, Erfahrungen und Quellen verfügen. Besonders in einem so sensiblen Bereich wie der Terrorismusabwehr sollte das auf der Hand liegen. Nur mittels *Intelligence* lässt sich die dringlichste und wichtigste Form von Wissen generieren: konkrete Hinweise à la „Ein Angriff von X auf die Veranstaltung Y steht unmittelbar bevor." Derartig klare Erkenntnisse sind zwar die Ausnahme, aber dennoch hat eine Bedrohungsanalyse auf *Intelligence*-Basis einen wichtigen Vorteil gegenüber Erfahrungswissen und wissenschaftlichen Erkenntnissen: Sie ist orts- und zeitspezifisch, und damit maßgeschneidert auf vorliegende Situation. Damit erlaubt sie einen wesentlichen detaillierten Vorhersagegrad als Erfahrung oder Wissenschaft. Gleichzeitig ist das auch ihr Nachteil: Der beispielhafte Hinweis oben ist von herausragender Wichtigkeit für Veranstaltung Y, sagt aber prinzipiell nichts über Veranstaltung A, B, und C aus. Diese erfordern eine eigene Bedrohungsanalyse mit eigenem Ressourcenaufwand und – nicht zuletzt – eigener Fehleranfälligkeit.

Wissenschaftliche Erkenntnisse hingegen gelten prinzipiell losgelöst von einer konkreten Situation. Auch sind sie unabhängig von konkreten Personen: Sie stehen prinzipiell jedem zur Verfügung, werden ständig überprüft und erweitert. Sie sind deswegen die valideste Art von Wissen – zumindest theoretisch, denn praktisch gibt es natürlich auch in der Wissenschaft in Einzelfällen unentdeckte Fehler und Wissensverlust. Auch hier ist die Stärke gleichzeitig eine Schwäche: Anders als *Intelligence* sind wissenschaftliche Erkenntnisse für Veranstaltung Y, A, B, und C gleichermaßen gültig – allerdings deshalb, weil Wissenschaft Aussagen zu Kausalzusammenhängen und Mechanismen macht, nicht zu spezifischen Situationen.

Die Herausforderung besteht also zunächst einmal darin, überhaupt herauszufinden, welche Mechanismen bei den Veranstaltungen Y, A, B und C am Wirken sind. Je nach Forschungsfach kann das einfach oder kompliziert sein. Relativ offensichtlich sind z. B. oft Mechanismen aus der Physik und Materialwissenschaft: Transportable Betonblöcke, wie sie gerne als Fahrzeugsperren eingesetzt

---

Nachrichtendienste können *Intelligence* sammeln, „Feindbeobachtung" suggeriert fälschlicherweise die Existenz von klaren Freund-Feind-Schemata und „Aufklärungsergebnisse" vernachlässigt, dass es sich bei *Intelligence* nicht nur um eine Art von Wissen, sondern auch um einen Prozess handelt.

werden, können durch Sprengstoffeinwirkung zerstört und dann als Sekundär-
geschosse sogar selbst zur Gefahr werden, wenn ein Anschlag in mehreren Wellen
erfolgt. Spezifisch designte und verankerte Fahrzeugsperren dagegen haben diese
Schwäche nicht.[12] Diese Erkenntnis gilt immer und überall auf der Welt und ist
immer dann relevant, wenn die entsprechenden Barrieren verwendet werden.

Sehr viel komplizierter wird es dagegen meistens, wenn menschliches Verhalten modelliert werden soll. Soziologie und Psychologie haben z. B. festgestellt,
dass auch Verhalten „ansteckend" ist. Wenn über ein Gewaltverbrechen berichtet
wird, lässt sich in den darauffolgenden Tagen ein allgemeiner Anstieg von Gewaltverbrechen nachweisen.[13] Gilt das auch für Terrorismus? Sprich: Wenn es einen
Anschlag auf Veranstaltung Y gegeben hat, sollen dann auch die Sicherheitsvorkehrungen für Veranstaltung A, B und C erhöht werden? Tatsächlich weist die
Forschung in die Richtung, dass der sogenannte *Behavioral Contagion*-Effekt auch
bei Terrorismus gilt.[14] Aber wie weit reicht seine Wirkung – sind deutsche Veranstaltungen gefährdeter, wenn es in Afghanistan einen großen Anschlag gab?
Nimmt der Effekt ab, wenn die Medien unaufgeregt, verantwortungsbewusst und
mit eindeutig negativer Konnotation berichten? Wie lange wirkt der Effekt nach?
Diese und ähnliche Fragen bleiben unklar – und damit auch die praktischen Im-
plikationen, die wir aus unserem Wissen über den *Behavioral Contagion*-Effekt
für eine spezifische Situation ableiten können.

Während wir also über durchaus beeindruckendes wissenschaftliches Wissen
verfügen, liefert es eher Impulse als eindeutige Lösungen für die Sicherheitsplanung
von Veranstaltungen. Mittels dezidierter wissenschaftlicher Studien können die Stärken der Wissenschaft – systematische Nutzung bestehenden Wissens, methodische
Rigorosität und *Peer Review* – durchaus auch für ganz konkrete, praktische Fragen
wie z. B. Sicherheitskonzepte nutzbar gemacht werden. Allerdings haben nur die
wenigsten Veranstalter die Zeit und die Ressourcen, um vorab eine wissenschaftliche
Studie zu ihrem Sicherheitskonzept in Auftrag zu geben. Als Beispiel für allgemeine
Impulse, die – immer in Verbindung mit Erfahrung und *Intelligence* – auch ohne
aufwendige Studien zur Sicherung von Massenveranstaltungen beitragen können,
werden im Folgenden einige Konzepte der Terrorismusforschung vorgestellt.

---

12 Vgl. Swain, Steve: Securing the Transportation System. In: Richards, Anthony / Fussey,
    Pete / Silke, Andrew (Hrsg.): Terrorism and the Olympics. Major Event Security and
    Lessons for the Future, London: Routledge, 2011, S. 75–90, S. 77.
13 Vgl. Berkowitz, Leonard & Macaulay, Jaqueline: The Contagion of Criminal Violence.
    In: Sociometry, Vol. 34, Nr. 2 (1971), S. 238–260.
14 Vgl. Nacos, Brigitte L.: Revisiting the Contagion Hypothesis: Terrorism, News Covera-
    ge, and Copycat Attacks. In: Perspectives on Terrorism, Vol. 3, Nr. 3 (2009), S. 3–14.

Bedrohungsanalyse

Viel Forschungsarbeit widmet sich beispielsweise dem Bedrohungspotential einzelner Terrorgruppen. Um die langfristige Gefährlichkeit und Resilienz von Terrorgruppen zu bewerten, gibt es mittlerweile komplexe, mehrdimensionale Modelle, die auch die soziopolitischen Umstände und die Netzwerkkapazität von Gruppen einbeziehen, und damit in ihrer Analyse weit über die öffentliche Debatte hinausgehen, die sich meist auf die Frage konzentriert, welche Gruppe grade die meisten und schlimmsten Anschläge begeht.[15] Für unsere Zwecke ist aber genau diese Frage von zentraler Bedeutung, um ein stimmiges Schutzkonzept zu entwickeln. Es ist somit legitim, wenn wir uns hier auf die Mikro-Ebene der Anschlagsgefahr konzentrieren – solange man sich auf der Makro-Ebene der (internationalen) Politik bewusst ist, dass die Herausforderung über eine reine Sicherheits- und Verteidigungsproblematik herausgeht. Die weltweiten Anschlagszahlen, die nach mehr als einem Jahrzehnt des sogenannten „Krieg gegen den Terror" höher sind als jemals zuvor, legen davon Zeugnis ab.

Aber auch wenn man die komplexe Welt der militanten Gruppen auf den Aspekt der Anschlagsgefahr reduziert, kann die Bedrohung immer noch diverse unterschiedliche Formen annehmen, die diverse unterschiedliche Gegenmaßnahmen erfordern. Über genau diese Frage, welche Form die Bedrohung zukünftig annehmen werde, stritten sich vor zehn Jahren auf aufsehenerregende Art und Weise zwei der bekanntesten Terrorismus-Forscher der Welt: Bruce Hoffman und Marc Sageman.[16] Hoffman zufolge sind und bleiben Terrororganisationen die größte Gefahr. Mittels ausgefeilter Arbeitsteilung, strategischer Voraussicht, einem großen Pool an Mitgliedern mit unterschiedlichen Fähigkeiten und nicht zuletzt der Möglichkeit, Personen, Geld, Material und Knowhow zu transportieren, können Terrororganisation komplizierte, in ihrer Wirkung verheerende Anschläge planen und durchführen. Der 11. September 2001 ist das Paradebeispiel für einen derart ausgefeilten Plan, bei dem alle Elemente über Monate – teilweise Jahre – hinweg in Position gebracht wurden. Aber auch bei den schlimmsten

---

15 Ein Beispiel dafür ist Sarah Marsdens Kombination von Theorien der Sozialen Bewegungen mit der Statistikmethode *Mulitdimensional Partial Order Scalogram by Coordinates (MPOSAC)* – ein Drei-Achsen-Modell zur Typologisierung von militanten Gruppen. Vgl. Marsden, Sarah V.: A Social Movement Theory Typology of Militant Organisations: Contextualising Terrorism. In: Terrorism and Political Violence, Vol. 28, Nr. 4 (2016), S. 750–773.

16 Vgl. Sciolino, Elaine & Schmitt, Eric: „A Not Very Private Feud Over Terrorism", The New York Times online, 08. Juni 2008.

Anschlägen im darauffolgenden Jahrzehnt sehen Hoffman und andere Autoren Terrororganisationen – vor allem *al-Qaida* – maßgeblich involviert.[17]

Marc Sageman dagegen postulierte, dass *al-Qaida* nur aus „ein paar Haufen von Kerlen"[18] bestehe und allenfalls noch Symbolcharakter habe. Ihm zufolge hat sich die Idee des terroristischen Dschihadismus längst von Organisationen losgelöst und werde in lokalen Terror*netzwerken* gelebt, die auf familiärer, freundschaftlicher oder ethnischer Zugehörigkeit basieren. Eine „Mitgliedschaft" in irgendeiner Organisation ist vollkommen unnötig: Jeder kann sich auf das dschihadistische Gedankengut berufen und im Internet alles Notwendige finden, um Anschläge zu planen und auszuführen. Das Bedürfnis, derartige Gewalttaten zu begehen, entspringe der individuellen Psyche, nicht dem Plan einer organisationalen Hierarchie. Sageman zufolge geht die hauptsächliche Gefahr dementsprechend von selbstradikalisierten Kleingruppen oder Einzeltätern aus, die simple, aber schwer zu verhindernde Anschläge verüben.[19]

Schon 2008 waren die meisten Kommentatoren der Meinung, dass sich Hoffmans und Sagemans Analysen nicht gegenseitig ausschließen, sondern zusammen ein Bedrohungsspektrum von organisationsgesteuerten *High Impact Low Probability*-Anschlägen (à la Hoffman) bis hin zu individuell begangenen *Low Impact High Probability*-Vorfällen (à la Sageman) ergeben. Diese Ansicht wird gestützt von den diversen Anschlagsmethoden der letzten Jahre, die von langfristig geplanten Angriffen mit mehreren Teams und technisch versierten Sprengstoffwesten in Paris im November 2015 bis hin zu ungezielten Einzelangriffen wie dem Axt-Attentat in einem Würzburger Regionalzug im Juli 2016 reichen.

Auch wenn also gleichzeitig Attentate von verschiedenen Enden des Spektrums möglich sind, lassen sich mit entsprechendem Hintergrundwissen einzelnen Organisation Schwerpunkte zuordnen. Passagiere auf einigen transatlantischen Flügen werden seit März 2017 – möglicherweise unwissentlich – Zeuge davon: Der Terrorgruppe *al-Qaida auf der Arabischen Halbinsel (AQAP)* gelang es offenbar, hochwirksame Mini-Sprengladungen in ansonsten vollkommen funktionsfähige Laptops einzubauen, die von den gebräuchlichen Flughafensicherheitschecks nicht erkannt werden. Als Reaktion darauf untersagte die US-Regierung auf aus-

---

17 Vgl. Hoffman, Bruce & Reinares, Fernando (Hrsg.): The Evolution of the Global Terrorist Threat. From 9/11 to Osama bin Laden's Death. New York: Columbia University Press, 2016.

18 Zitiert nach: Sciolino & Schmitt, „A Not Very Private Feud Over Terrorism".

19 Vgl. Sageman, Marc: Understanding Terror Networks. Philadelphia: University of Pennsylvania Press, 2004; vgl. Sageman, Marc: Leaderless Jihad. Terror Networks in the Twenty-First Century. Philadelphia: University of Pennsylvania Press, 2008.

gewählten Flugverbindungen den Transport von Laptops im Handgepäck.[20] Die Erkenntnis passt zu den wohldokumentierten jahrelangen Versuchen von *AQAP*, den internationalen Luftverkehr anzugreifen, und zu den bemerkenswerten technischen Innovationen, die die Sprengstofftechniker von *al-Qaida* – von Ramzi Yousef bis Ibrahim al-Asiri – bislang zustande gebracht haben. Während z. B. von Seiten *AQAPs* also grundsätzlich mit *High Impact Low Probability*-Angriffsversuchen zu rechnen ist, lag deren Fokus bisher stets entweder auf dem Flugverkehr in die USA oder auf hochrangigen Zielen in Saudi-Arabien. Eine höhere Gefährdung von Massenveranstaltungen in Deutschland von Seitens *AQAPs* – trotz deren beunruhigenden Fähigkeiten – kann also nicht unmittelbar abgeleitet werden.

Anders sieht dies im Hinblick auf den sogenannten *„Islamischen Staat" (IS)* aus: Angesichts militärischer Rückschläge begann die Organisation schon ab spätestens 2016 mit der Transformation von einer Organisation hin zu einem Netzwerk, pointiert zusammengefasst in einer Audiobotschaft des damaligen *IS*-Sprechers Abu Muhammad al-Adnani vom 21. Mai 2016, in der er Sympathisanten des *IS* in Europa dazu auffordert, eigenverantwortlich Anschläge zu begehen – mit allen sich bietenden Mitteln gegen alle sich bietenden Ziele.[21] Mitglieder des Kern-*IS* wirken daran mit, indem sie über das Internet Sympathisanten ermutigen und anleiten. Das Ergebnis sind *Low Impact High Probability*-Attacken mit simplen Methoden wie Fahrzeugen und Messern, begangen häufig von Tätern mit devianten Biografien. Aber auch gezielt eingeschleuste *IS*-Terrorzellen mit entsprechender Ausbildung und taktischem Fachwissen bleiben eine Gefahr, auch wenn das insgesamt nicht so häufig vorzukommen scheint wie anfänglich befürchtet. Die Sorge besteht trotzdem weiter, dass es dem *IS* gelingt, eine seiner Kernkompetenzen – Kombinationen von Selbstmordattentaten und konventionellen Angriffen in mehreren sorgfältig abgestimmten Wellen – auch bei Anschlägen in Europa einzusetzen.

Opfermaximierung ist ein fester Bestandteil der *IS*-Strategie, auch wenn die Gruppe bei Anschlägen in Europa meist auf ein kosteneffizientes „Outsourcing" setzt, anstatt dieses Ziel selbst prioritär zu verfolgen. Massenveranstaltungen passen als lohnendes Ziel in diese Strategie und wurden – wie eingangs erwähnt – bereits wiederholt angegriffen. Einzelattacken mit vergleichsweise simplen Methoden sind am wahrscheinlichsten, aber auch komplexe Verkettungen von

---

20 Vgl. Perez, Evan/Enda, Jodi/Starr, Barbara: „New terrorist laptop bombs may evade airport security, intel sources say", CNN online, 01. April 2017.

21 Vgl. Al-Adnani, Abu Muhammad: و يحيى من حي عن بينة [*Dass diejenigen, die am Leben bleiben, aufgrund eines klaren Beweises am Leben bleiben]*. Online veröffentlicht von al-Furqan, 21. Mai 2016.

Selbstmordattentätern, Fahrzeugbomben und Schusswaffenangriffen sind denkbar. Technisch sehr innovative Angriffe sind zurzeit eher unwahrscheinlich –
Gruppen mit den entsprechenden Fähigkeiten nehmen traditionell andere Ziele
ins Visier als europäische Massenveranstaltungen.

Es ist jedoch wichtig zu betonen, dass eine derartig grobe Analyse nur Ten-
denzen aufzeigen kann. Terrorgruppen handeln oft opportunistisch: Wenn sich
die Gelegenheit ergibt, einen Anschlag gegen einen Massenveranstaltung auszuführen, werden die meisten Gruppen sie nutzen. Es empfehlen sich also Schutzmaßnahmen, die gegen eine möglichst breite Palette an Angriffsmethoden und
-maßstäben wirksam sind. Zusätzliche spezialisierte (und meist entsprechend
teure und aufwändige) Maßnahmen wie z. B. Luftraumsperrungen oder ABC-
Abwehr werden bei Veranstaltungen mit sehr großem Besucherandrang und/oder
sehr hoher Symbolwirkung eingesetzt, die aufgrund ihres Profils einer höheren
Gefährdung durch *High Impact Low Probability*-Attacken ausgesetzt sind.

Zielauswahl

Was den praktischen Nutzen für den Schutz einer bestimmten Veranstaltung
angeht, lassen sich aus der Analyse verschiedener Terrorgruppen also bestenfalls
grobe Trends über die Wahrscheinlichkeit gewisser Anschlagsmethoden ableiten.
Diese gelten dann für alle Veranstaltungen in Deutschland (und darüber hinaus)
gleichermaßen. Um spezifischere Erkenntnisse für eine bestimmte Veranstaltung
zu erhalten, muss man diese Veranstaltung im Kontext der potentiellen Zielauswahl von Terroristen betrachten.

So ergab z. B. eine Studie aus dem Jahr 2008, dass terroristische Einzeltäter (das
Hauptklientel für die heute vom *IS* propagierten *Low Impact High Probability*-
Anschläge) in 92 % der Fälle in einem Umkreis von nicht mehr als 45 km um
ihren Wohnort herum zuschlagen.[22] Das Verhalten der selbstständig agierenden
Attentäter in Europa in den letzten Jahren scheint ebenfalls ungefähr diesem
Muster zu entsprechen. Hier schließt sich der Kreis zur *Intelligence*-Arbeit, die
das Bedrohungspotential der lokalen gewaltbereiten Szene(n) vor Ort – rechts,
links oder islamistisch/dschihadistisch – am besten einschätzen kann.

Aber welche Ziele könnten diese potentiellen Täter nun auswählen? Für den
Terrorismus der „alten Schule" bemaß sich die Attraktivität eines Ziels nach seiner
Symbolwirkung: Je deutlicher ein Ziel mit der von den Terroristen bekämpften
Wertordnung verknüpft war, desto besser. Ursprünglich betraf dies vor allem

---

22 Vgl. Smith, Brent: A Look at Terrorist Behavior. How They Prepare, Where They Strike.
In: National Institute of Justice Journal, Nr. 260 (2008), S. 2–6, S. 3.

tatsächliche Mandatsträger – also Politiker, Botschafter usw. – sowie Sicherheits-kräfte, später aber auch Sportler, Künstler, Unternehmen oder Unternehmer und Aktivisten mit einer bestimmten Nationalität oder (vermeintlichen) politischen Haltung. Wie sogenannte „Todeslisten", die vor allem aus der rechtsextremen Sze-ne bekannt sind[23], zeigen, sind symbolische Ziele nach wie vor von Bedeutung. Ein Blick auf den Kerninhalt einer Massenveranstaltung – die wetteifernden Mann-schaften, den redenden Politiker oder den auftretenden Komiker, um nur ein paar mögliche Beispiele zu nennen – empfiehlt sich, um abschätzen zu können, für wen und in welchem Maße die Veranstaltung ein symbolisches Ziel darstellen könnte.

Es muss jedoch festgehalten werden, dass in den letzten beiden Jahrzehnten symbolische Ziele gegenüber sogenannten sozialen Zielen an Bedeutung ver-loren haben. Dafür gibt es verschiedene Gründe. Erstens lassen sich die meisten symbolischen Ziele relativ gut schützen. Es handelt sich in der Regel um Einzel-personen oder Kleingruppen, hinter denen die geballten Fähigkeiten der Sicher-heitsorgane eines Staates oder zumindest beträchtliche finanzielle Ressourcen stehen und die sich der Gefahr bewusst sind, was potentiellen Angreifern die Arbeit extrem erschwert. Zweitens hatten symbolische Ziele lange Zeit den Vor-teil, dass sich in ihrer Nähe meistens Kameras, Medienvertreter und große Men-schenmassen befanden, die die Bilder eines Anschlags unverzüglich verbreiteten und so die Wirkung multiplizierten. Die universelle Verbreitung von sozialen Medien und internetfähigen Mobilgeräten macht mittlerweile die Vorab-Präsenz von Medien am Anschlagsort überflüssig. Drittens haben sich die Ideologien und Strategien von Terroristen aller Couleur dergestalt weiterentwickelt, dass sie nicht länger primär versuchen, mittels „Propaganda der Tat"[24] Sympathisanten zum Kampf für ihre Sache zu mobilisieren. Statt mittels symbolischer Anschläge die Besiegbarkeit der „Unterdrücker" zu demonstrieren und damit inspirierend zu wirken, geht es mittlerweile darum, mit möglichst blutigen Anschlägen eine Polarisierung zwischen der (vermeintlich) eigenen und der feindlichen Gruppe zu erzwingen. Das Kalkül dahinter ist, das Klima zwischen den beiden Gruppen so aufzuheizen, dass der eigenen Gruppe nur die Wahl bleibt, sich entweder von der feindlichen Gruppe töten bzw. unterdrücken zu lassen oder an der Seite der Terroristen den Kampf gegen sie aufzunehmen. Symbolträger sind dieser Strategie

---

23 Jüngst z. B. im Fall des Bundeswehr-Offiziers Franco A., der mutmaßlich rechtster-roristische Taten vorbereitete. Vgl. o. V.: „Bundeswehrsoldat unter Terrorverdacht: Prominente Namen stehen wohl auf der ‚Todeskiste', Rundfunk Berlin-Brandenburg online, 02. Mai 2017.

24 In den berühmten Worten der frühen Anarchisten Carlo Pisacane, Carlo Cafiero, Errico Malatesta und Paul Brousse.

zufolge nicht länger nur prominente Repräsentanten, sondern ausnahmslos alle Mitglieder einer bestimmten Gruppe.

Das Ergebnis dieser Entwicklung sind Anschläge auf soziale Ziele, also möglichst viele und möglichst normale Menschen. Derartige Anschläge sind erstens einfacher, da die Auswahl an potentiellen Zielen nahezu unendlich ist, und haben zweitens eine besondere psychologische Wirkung, da sich die breite Bevölkerung direkter mit den Opfern identifiziert, was die gesellschaftliche Wirkung von Terrorismus verstärkt.

Massenveranstaltungen stellen dieser Logik nach eine attraktive Kombination aus sozialem und symbolischem Ziel dar: Bei den Zuschauern handelt es um normale, identifikationsfähige Menschen, die gleichzeitig hinreichend klar mit dem symbolischen Kern des Events verbunden sind – z. B. Besucher einer politischen Veranstaltung oder Fans einer bestimmten Nationalmannschaft. Gleichzeitig sind sie aufgrund ihrer Zahl nicht so gut zu schützen wie VIPs. Vollkommen ungeschützt sind sie allerdings auch nicht. Schon aus dem Aufbau vieler Veranstaltungen ergibt sich ein ringförmiges Schutzkonzept, das bewusst oder unbewusst der bevorzugten Zielauswahl von Terroristen Rechnung trägt: ein schwer gesicherter Backstage-Bereich umgeben von einem Zuschauerbereich mit Sicherheitskontrollen und Zugangsbeschränkung umgeben von Bereichen mit erhöhter Präsenz von Sicherheitskräften, Park- und/oder Fahrverboten usw.[25]

Diese Konzepte sind generell ein guter Ansatz, aber eine Analyse aus dem Blickwinkle der Zielauswahl offenbart die nahezu unvermeidlichen Schwachpunkte: Zuschauer – z. B. Fans einer amerikanischen Nationalmannschaft – sind nicht nur dann ein Ziel, wenn sie sich tatsächlich im Zuschauerraum befinden, sondern auch während des Zu- und Abflusses zur Veranstaltung. Somit werden z. B. die Schlangen vor eben den Sicherheitskontrollen, die für Sicherheit im Zuschauerraum sorgen sollen, selbst zu lohnenden Zielen. Außerdem gibt es Veranstaltungen wie Volksfeste, bei denen keine Eingangskontrollen möglich sind. Das Sicherheitsniveau im weiteren Umfeld einer Veranstaltung graduell anzuheben, ohne das es zu verwundbaren und hinderlichen *Chokepoints* kommt, ist eine Herausforderung, zu deren Bewältigung die Wissenschaft z. B. in den Bereichen Überwachungstechnologie oder psychologisches Profiling noch einiges beitragen kann.

---

25 Vgl. z. B. Coaffee, Jon: Strategic security planning and the resilient design of Olympic sites. In: Richards, Anthony/Fussey, Pete/Silke, Andrew (Hrsg.): Terrorism and the Olympics. Major event security and lessons for the future. New York et al.: Routledge, 2011, S. 118–131.

Auch bei noch so guten Sicherheitskontrollen lässt sich ein Grundproblem allerdings kaum überwinden, nämlich der sogenannte *Displacement*-Effekt. Aus der Kriminologie weiß man, dass sich einzelne Ziele zwar gut gegen Kriminalität schützen lassen, dass aber die Kriminalität nicht verschwindet, sondern einfach gegen andere Ziele begangen wird, ohne dass sich die Quantität nennenswert reduzieren würde. Auch in der Terrorismusforschung wurde der *Displacement*-Effekt nachgewiesen: Die Einführung von Metalldetektoren reduzierte zwar die Zahl der Flugzeugentführungen immens, allerdings stieg gleichzeitig die Zahl der Mordanschläge an. Die verbesserten Sicherheitsmaßnahmen ließen Anschläge auf Botschaften zur Ausnahme werden, aber dafür wurde und wird Botschaftspersonal vermehrt zuhause und auf dem Weg zur Arbeit angegriffen.[26] Den *Displacement*-Effekt komplett zu überwinden liegt außerhalb der Möglichkeiten der Sicherheitskräfte – hier ist stattdessen die Politik gefragt, die Ursachen von Terrorismus zu bekämpfen. Im kleinen Rahmen kann das Wissen um den Effekt aber als Mahnung dienen, dass die Auswirkungen – und damit die Sicherheitsherausforderungen – einer Massenveranstaltung nicht erst am Veranstaltungsgelände beginnen. Das ganze Umland kann betroffen sein und zum potentiellen Ziel werden, so z. B. der öffentliche Nahverkehr, der ohnehin von 30 bis 42 % der weltweiten Terroranschläge betroffen und damit ein „Lieblingsziel" von Terroristen ist.[27]

Gegenmaßnahmen

Wenn man das breite Spektrum terroristischer Methoden und möglicher Ziele sowie den *Displacement*-Effekt bedenkt, wie lassen sich Massenveranstaltungen effizient schützen? Um ein Plattitüde zu bemühen, die nichtsdestoweniger wahr und wichtig ist: Absolute Sicherheit ist unmöglich, und Sicherheit muss stets mit unseren Freiheitsrechten ausbalanciert werden. Von diesem Grundsatz ausgehend ist das Sicherheitskonzept für jede neue Veranstaltung eine neue Herausforderung. Die Veranstalter und die Sicherheitskräfte sind am besten in der Lage, die jeweils besten Antworten für die konkrete Situation zu finden.

---

26 Vgl. Silke, Andrew: Understanding terrorist target selection. In: Richards, Anthony/ Fussey, Pete/Silke, Andrew (Hrsg.): Terrorism and the Olympics. Major event security and lessons for the future. New York et al.: Routledge, 2011, S. 49–71, S. 64.

27 Vgl. Dolnik, Adam: Assessing the Terrorist Threat to Singapore's Land Transportation Infrastructure. In: Journal of Homeland Security and Emergency Management, Vol. 4, Nr. 2, S. 1–22.

Einige allgemeingültige Beobachtungen lassen sich aber trotzdem anstellen, um Veranstaltern und Sicherheitskräften die Arbeit zu erleichtern. Wenn man die große Variabilität der terroristischen Bedrohung bei grundsätzlich geringer Wahrscheinlichkeit bedenkt, sind Maßnahmen besonders wertvoll, die ebenfalls sehr variabel sind. Das gilt sowohl für die konzeptionelle Planung als auch für die praktische Durchführung.

Unter dem Eindruck der beispiellosen Anschläge des 11. September 2001 dominierte in der Zeit danach – zum Teil auch in der sich exponentiell vergrößernden Terrorismusforschung – die Ansicht, dass der sogenannte „neue Terrorismus" mit nichts vergleichbar sei und ganz neue (vorzugsweise harte) Maßnahmen erfordere.[28] Mittlerweile fallen die meisten Analysen differenzierter aus: Es existieren erhebliche Parallelen zwischen den Dynamiken in den Bereichen Terrorismus, Kriminalität und deviante Protestformen (obwohl es natürlich auch Unterschiede gibt). Davon ausgehend lohnt es sich zumindest zu prüfen, ob auch etablierte Sicherheitskonzepte aus dem einen Bereich Anwendung in anderen Bereichen finden könnten. Die Vorteile liegen auf der Hand: Wir haben viel mehr Erfahrung im Umgang mit Kriminalität, und dementsprechend ausgereifter und fundierter sind unsere Kenntnisse in diesem Bereich. Außerdem ist es natürlich ressourcensparender und einfacher für die Sicherheitskräfte, wenn nicht mehrere unterschiedliche Konzepte geplant und umgesetzt werden müssen.

Ein Beispiel für ein Konzept, das sowohl zur Verbrechens- als auch zur Terrorismusbekämpfung dienen kann, ist die Situative Kriminalprävention. Das Modell postuliert, dass ein Verbrechen am Ende einer Reihe von Entscheidungen seitens des Täters steht. Wenn man diese Entscheidungen beeinflusst, kann man das Verbrechen umlenken oder sogar verhindern. Um diese Entscheidungen zu beeinflussen, empfiehlt es sich 1) den Aufwand zu erhöhen (indem man z. B. Ziele härtet und Sicherheitskontrollen durchführt), 2) das Risiko zu vergrößern (indem man z. B. die Anonymität reduziert und zivile Angestellte vor Ort sensibilisiert), 3) die Belohnung zu reduzieren (indem man z. B. Ziele entfernt und Abnehmermärkte stört), 4) Provokationen zu verhindern (indem man z. B. stressinduzieren-

---

28 Das US-Verteidigungsministerium ließ z. B. ernsthaft analysieren, wie man Nuklearwaffen gegen Terrorgruppen einsetzen könne. Vgl. Helfstein, Scott/Meese, Michael J./Rassler, Don/Sawyer, Reid/Schnack, Troy/Scheiffer, Mathew/Silverstone, Scott/Taylor, Scott: White Paper Prepared for the Secretary of Defense Task Force on DoD Nuclear Weapons Management: Tradeoffs and Paradoxes: Terrorism, Deterrence and Nuclear Weapons. In: Studies in Conflict & Terrorism, Vol. 32, Nr. 9 (2009), S. 776–801.

de Situationen vermeidet) und 5) Ausreden zu beseitigen (indem man z. B. klare Regeln festlegt und gutes Verhalten würdigt).[29]

Natürlich ist nicht alles auf Terrorismusabwehr übertragbar. Terroranschläge sind nicht so spontan, als dass „klare Regeln" oder die Vermeidung von „stress-induzierenden Situation" zu ihrer Verhinderung beitragen könnte – eher das Gegenteil ist der Fall, wie weiter unten dargestellt werden wird. Auch kann man zurecht kritisieren, dass Situative Kriminalprävention vielleicht die Ausführung von einzelnen Terroranschlägen (oder anderen Verbrechen) verhindert, aber nicht die zugrundeliegende Motivation adressiert. Es geht aber auch nicht darum, dieses spezielle Modell als Ideallösung anzupreisen. Stattdessen soll darauf hingewiesen werden, dass es erprobte Modelle gibt, die den planerischen Blick auch bei der Terrorismusabwehr in die richtige Richtung lenken. Auf dieser Grundlagen arbeiten Wissenschaftler wie der Polizeiwissenschaftler und Terrorismusexperte Tore Bjørgo außerdem daran, Modelle der Verbrechenbekämpfung und Terrorismusbekämpfung weiter zu integrieren und ihre Schwächen zu beseitigen.[30]

Um in der praktischen Umsetzung ebenfalls eine wirksame, multifunktionale Terrorismusabwehr zu gewährleisten zu können, ist gut ausgebildetes und möglichst erfahrenes Personal *der* Dreh- und Angelpunkt. Dies gilt für alle Beteiligten. Es ist offensichtlich, dass zum Stoppen von Terroranschlägen Mittel und Befugnisse nötig sind, die in Deutschland nur staatlichen Sicherheitskräften zur Verfügung stehen. Grade vor dem Hintergrund, dass Terrorismusbekämpfung und Verbrechensbekämpfung möglichst aus einem Guss sein sollen, sollte das aber keineswegs heißen, dass die privaten Sicherheitskräfte den Anti-Terror-Aspekt einer Massenveranstaltung einfach komplett der Polizei überlassen. Das Zeigen von Präsenz, das Beobachten von auffälligen Verhaltensmustern und das Durchsetzen von Sicherheitsregeln (was z. B. das Abstellen von Gegenständen angeht) sind z. B. wichtige Bestandteile eines Anti-Terror-Konzepts, für die die privaten Sicherheitskräfte sensibilisiert sein sollten.

Der wohl größte Vorteil von fähigem Personal ist aber, dass es flexibel auf eine Situation reagieren kann – wenn man ihm dazu die Möglichkeiten gibt. Neben der richtigen Ausbildung ist dafür die Planung elementar – hier greifen Konzept und Umsetzung ineinander. Zum Beispiel: Eine mögliche Evakuierung gehört zum

---

29 Vgl. Cornish, Derek B. & Clarke, Ronald V.: Opportunities, Precipitators and Criminal Decisions: A Reply to Wortley's Critique of Situational Crime Prevention. In: Crime Prevention Studies, Vol 16 (2003), S. 41–96.

30 Vgl. Bjørgo, Tore: Counter-terrorism as crime prevention: a holistic approach. In: Behavioral Sciences of Terrorism and Political Aggression, Vol. 8, Nr. 1 (2016), S. 24–44.

Standard eines jeden Sicherheitsplans, aber die Erfahrung hat gezeigt, dass es bei Anschlägen oft sicherer ist, wenn die Besucher innerhalb des Veranstaltungsorts bleiben – eben weil aufgrund der Sicherheitsringe Terroranschläge meist in der Peripherie erfolgen.[31] Diese *Lock-downs* sind natürlich nur dann möglich, wenn der Innenbereich wirklich sicher und ausreichend gehärtet ist – wenn er z. B. weit genug entfernt von den nächstgelegenen öffentlich zugänglichen Flächen ist, auf denen ein starker Sprengsatz detonieren könnte. Eine solche Überlegung muss bereits in die Planung des Veranstaltungsgeländes einfließen und sich auch in der Ausbildung und Doktrin der Sicherheitskräfte wiederfinden, wenn man ihnen die Möglichkeit geben will, entsprechend zu reagieren, sollten sie Folgeanschläge *(„Double Taps")* befürchten.

Selbstmordattentate

Zuletzt soll noch auf ein genuin terroristisches Phänomen geblickt werden, dass sich (scheinbar) jedem Vergleich mit Normalkriminalität entzieht: das Selbstmordattentat. Die besondere Angst vor Selbstmordattentaten ist – neben der besonderen psychologischen Dimension, die sie umgibt – auch praktisch gerechtfertigt: Zahlen aus der Terrorismusdatenbank des ISPK für das Jahr 2013 zeigen, dass die Opferzahlen im Vergleich zu konventionellen Anschlägen steigen, wenn ein Selbstmordattentäter den Auslöser betätigt. Sterben bei einem konventionellen Bombenanschlag (also z. B. mittels abgestellter Rucksackbomben oder vergrabener IEDs) im Schnitt 1,39 Menschen, so sind es bei einem Täter mit Sprengstoffgürtel 8,57. Autobomben fordern im Schnitt 3,82 Menschenleben, aber 4,54, wenn sie von einem Selbstmordattentäter gesteuert werden.[32]

---

31 Beispiele dafür sind die drei Selbstmordattentäter, die sich am 13. November 2015 in der Nähe des Stade de France in die Luft sprengten und der Selbstmordattentäter, der sich am 22. Mai 2017 im Foyer der Manchester Konzerthalle (vor den Sicherheitskontrollen) in die Luft sprengte.

32 Bei Autobomben ist der Unterschied stark abgeschwächt, bei LKW-Bomben ist er sogar umgekehrt – bei konventionellen LKW-Bomben kommen im Schnitt 20 Menschen ums Leben, bei menschengesteuerten sechs. Das liegt daran, dass in Konfliktzonen PKW-Bomben und vor allem LKW-Bomben eine bestimmte taktische Rolle zukommt, nämlich das Durchbrechen von Befestigungen und die Bekämpfung gepanzerter Fahrzeuge, wobei die Opfermaximierung nicht im Mittelpunkt steht. Charlie Winter hat diese taktischen Unterschiede exemplarisch für den *IS* analysiert, vgl. Winter, Charlie: War by Suicide: A Statistical Analysis of the Islamic State's Martyrdom Industry. ICCT Research Paper, Februar 2017.

Dieser Umstand kommt darin zum Ausdruck, dass Terroristen und ihre Sympathisanten Selbstmordattentäter öfters als die „Lenkwaffen des armen Mannes" definieren[33] – sie können ihr Ziel bis zum letzten Moment intelligent wählen und ansteuern, um so den Schaden zu maximieren. Während die globale Statistik diese Aussage grundsätzlich zu stützen scheint, zeigt eine nähere Betrachtung von Selbstmordattentaten einige Einschränkungen auf, die für deren Abwehr genutzt werden können.

Steve Swain stellte bei einer Analyse von Selbstmordanschlägen fest, dass die Attentäter zwar fast immer andere Menschen mit in den Tod reißen, allerdings oft auch die Gelegenheit verpassen, noch mehr Unheil anzurichten. Ein Beispiel dafür sind die Anschläge vom 07. Juli 2005 in London: Vier Selbstmordattentäter forderten bei vier unterschiedlichen Angriffen auf den öffentlichen Nahverkehr insgesamt 52 Opfer. Auffällig ist, dass mehr als die Hälfte der Todesopfer von nur einem der Anschläge herrühren, nämlich dem auf die berstend gefüllte U-Bahn nahe King's Cross, bei dem der Sprengsatz in der Mitte des Wagons gezündet wurde. Bei den Anschlägen auf die weniger vollen U-Bahnen bei Liverpool Street und Edgware Road, bei denen sich die Attentäter im Eingangsbereich der Wagons in die Luft sprengten, kamen sehr viel weniger Menschen um – jeweils sieben Personen bei Liverpool Street und Edgware Road gegenüber 27 Personen bei King's Cross.[34] Sowohl was die Auswahl der Ziele als auch den genauen Ort des Anschlags angeht, maximierten zwei der Attentäter den Schaden eben nicht, sondern begrenzten ihn vielmehr durch – in ihrem Sinne – ungünstige Entscheidungen.

Der Psychologe Andrew Silke erklärt dieses Phänomen damit, dass Selbstmordattentäter kurz vor ihrer Tat unter einem so extremen Stress stehen, dass ihr Erinnerungsvermögen, ihre Wahrnehmung und ihre Problemlösungsfähigkeiten erheblich eingeschränkt sind. Sie neigen deswegen dazu, die einfachste anstatt der effektivsten Herangehensweise zu wählen.[35] Besonders interessant wird es, wenn sie mit unvorhergesehenen Hindernissen konfrontiert werden. Selbst eine Kleinigkeit (z. B. wenn der Eingang, den sich der Täter während der Planungsphase ausgesucht hat, gesperrt ist – auch wenn alle anderen Eingänge offen sind) kann einen Attentäter in dieser Phase so überfordern, dass er seinen Sprengsatz sinnlos zündet oder den Anschlag sogar komplett abbricht.[36] Um den Schutz vor

---

33 Vgl. Mockaitis, Thomas R.: The "new" Terrorism: Myths and Reality. Stanford: Stanford University Press, 2008, S. 1.

34 Vgl. Swain, Securing the transport system, S. 84 ff.

35 Vgl. Silke, Andrew: The Impact of Stress and Danger on Terrorist Planning & Decision-Making. Unveröffentlichter Report, London 2006.

36 Vgl. Swain, Securing the transport system, S. 86 ff.

Selbstmordattentätern zu verbessern, kann man versuchen, diesen Effekt gezielt
herbeizuführen, indem man Unvorhersehbarkeiten schafft – z. B. durch unange-
kündigte Kontrollen (besonders durch schwer zu erkennendes Personal in Zivil)
oder Veränderungen am Layout eines Veranstaltungsort.

Conclusio

Terrorismus ist eine gesamtgesellschaftliche Herausforderung. Sie mündet in den
Sicherheitsbereich, aber sie zieht sich genauso durch die Bereiche Individual- und
Gruppenpsychologie, Außen-, Bildungs- und Sozialpolitik, Integration und Kommunikation sowie durch zwei Dutzend anderer Felder. Wenn man sich auf einen
kleinen Bereich wie den Schutz von Massenveranstaltungen fokussiert, werden
die Lösungen deswegen nie ganz befriedigend ausfallen – meistens läuft es darauf
hinaus, Symptome zu bekämpfen, Anschläge de-facto auf andere Ziele umzulen-
ken oder die Auswirkung von erfolgreichen Angriffen zu minimieren. Vor dem
Hintergrund des Grundsatzes, dass absolute Sicherheit nicht möglich ist und dass
Terrorismus bis auf weiteres zu unserer Lebensrealität gehören wird, ist aber der
praktische Schutz ein ebenso unabdingbarer Bestandteil von Terrorabwehr wie z. B.
eine politische Strategie. Auch wenn einzelne Maßnahmen nicht perfekt sind, sind
sie allesamt nötig, um gemeinsam die größtmögliche Sicherheit zu gewährleisten.

Es ist also unerlässlich, an der evolutionären Verbesserung von Politiken, Verfahren und eben auch Schutzmaßnahmen zu arbeiten, anstatt auf ein Allheilmittel
zu hoffen, das Terrorismus ein für alle Mal beseitigt. Wissenschaftliche Grundlagen und Impulse gepaart mit der Erfahrung und dem Feedback von Praktikern
können zu solchen evolutionären Verbesserungen wertvolle Beiträge leisten –
grade auf der Ebene von Schutzmaßnahmen, wo Änderungen leichter durchzuführen und zu testen sind als z. B. auf der nationalen oder gar internationalen
Politikebene. Ein Dialog zwischen staatlichen und privaten Sicherheitskräften,
Veranstaltern und Wissenschaftlern ist deswegen eine sehr begrüßenswerte Entwicklung – mit dem gemeinsamen Ziel, dass wir alle bei dem Besuch von Massenveranstaltungen ein gutes Gefühl haben können.

Literaturverzeichnis

[Verfasserin anonymisiert]: „Trotz Terror nach London zu Massenveranstaltung",
    gutefrage.net, 22. November 2015. https://www.gutefrage.net/frage/trotz-
    terror-nach-london-zu-massenveranstaltung (23.05.2017).
Al-Adnani, Abu Muhammad: و يحيى من حي عن بينة [Dass diejenigen, die am Le-
    ben bleiben, aufgrund eines klaren Beweises am Leben bleiben]. Online ver-

öffentlicht von al-Furqan, 21. Mai 2016. Abrufbar u. a. auf http://jihadology. net/2016/05/21/new-audio-message-from-the-islamic-states-shaykh-abu-mu%E1%B8%A5ammad-al-adnani-al-shami-and-those-who-lived-in-faith-would-live-upon-evidence/ (03.07.2017).

Berkowitz, Leonard & Macaulay, Jaqueline: The Contagion of Criminal Violence. In: Sociometry, Vol. 34, Nr. 2 (1971), S. 238–260.

Bjørgo, Tore: Counter-terrorism as crime prevention: a holistic approach. In: Behavioral Sciences of Terrorism and Political Aggression, Vol. 8, Nr. 1 (2016), S. 24–44.

Coaffee, Jon: Strategic security planning and the resilient design of Olympic sites. In: Richards, Anthony/Fussey, Pete/Silke, Andrew (Hrsg.): Terrorism and the Olympics. Major event security and lessons for the future. New York et al.: Routledge, 2011, S. 118–131.

Cornish, Derek B. & Clarke, Ronald V.: Opportunities, Precipitators and Criminal Decisions: A Reply to Wortley's Critique of Situational Crime Prevention. In: Crime Prevention Studies, Vol 16 (2003), S. 41–96.

Dolnik, Adam: Assessing the Terrorist Threat to Singapore's Land Transportation Infrastructure. In: Journal of Homeland Security and Emergency Management, Vol. 4, Nr. 2, S. 1–22.

English, Richard: Terrorism – How to Respond? Oxford: Oxford University Press, 2009.

Helfstein, Scott/Meese, Michael J./Rassler, Don/Sawyer, Reid/Schnack, Troy/ Scheiffer, Mathew/Silverstone, Scott/Taylor, Scott: White Paper Prepared for the Secretary of Defense Task Force on DoD Nuclear Weapons Management: Tradeoffs and Paradoxes: Terrorism, Deterrence and Nuclear Weapons. In: Studies in Conflict & Terrorism, Vol. 32, Nr. 9 (2009), S. 776–801.

Hoffman, Bruce & Reinares, Fernando (Hrsg.): The Evolution of the Global Terrorist Threat. From 9/11 to Osama bin Laden's Death. New York: Columbia University Press, 2016.

Institute for Economics and Peace: Global Terrorism Index 2016. IEP Report Nr. 43, November 2016.

Kolb, David A.: Experiential Learning: Experience as the Source of Learning and Development. Englewood Cliffs: Prentice-Hall, 1984.

Laird, Laurie: „The Paris Attacks and The Economic Impact of Terrorism", Forbes online, 16. November 2015. https://www.forbes.com/sites/laurielaird/ 2015/11/16/the-paris-attacks-and-the-economic-impact-of-terrorism/ #3c64f5145560 (23.05.2017).

Marsden, Sarah V.: A Social Movement Theory Typology of Militant Organisations: Contextualising Terrorism. In: Terrorism and Political Violence, Vol. 28, Nr. 4 (2016), S. 750–773.

Mockaitis, Thomas R.: The "new" Terrorism: Myths and Reality. Stanford: Stanford University Press, 2008.

Nacos, Brigitte L.: Revisiting the Contagion Hypothesis: Terrorism, News Coverage, and Copycat Attacks. In: Perspectives on Terrorism, Vol. 3, Nr. 3 (2009), S. 3–14.

o.V.: „Bundeswehrsoldat unter Terrorverdacht: Prominente Namen stehen wohl auf der ‚Todeskiste‘, Rundfunk Berlin-Brandenburg online, 02. Mai 2017. https://www.rbb-online.de/politik/beitrag/2017/05/todesliste-zps-bundeswehr-franco-a-fluechtling.html (05.07.2017).

o.V.: „Die Ängste der Deutschen". Umfrage des Instituts für Demoskopie Allensbach im Auftrag der R+V Versicherung, 12. Juli 2016. https://www.ruv.de/presse/aengste-der-deutschen (23.05.2017).

o.V.: „Erneut mehr Verkehrstote in Deutschland", Spiegel Online, 25. Februar 2016. http://www.spiegel.de/auto/aktuell/unfallstatistik-2015-erneut-mehr-verkehrstote-in-deutschland-a-1079184.html (24.05.2017).

Perez, Evan/Enda, Jodi/Starr, Barbara: „New terrorist laptop bombs may evade airport security, intel sources say", CNN online, 01. April 2017. http://edition.cnn.com/2017/03/31/politics/terrorist-laptop-bombs-may-evade-security/index.html (03.07.2017).

Sageman, Marc: Leaderless Jihad. Terror Networks in the Twenty-First Century. Philadelphia: University of Pennsylvania Press, 2008.

Sageman, Marc: Understanding Terror Networks. Philadelphia: University of Pennsylvania Press, 2004.

Sciolino, Elaine & Schmitt, Eric: „A Not Very Private Feud Over Terrorism", The New York Times online, 08. Juni 2008. http://www.nytimes.com/2008/06/08/weekinreview/08sciolino.html (03.07.2017).

Silke, Andrew: The Impact of Stress and Danger on Terrorist Planning & Decision-Making. Unveröffentlichter Report, London 2006.

Silke, Andrew: Understanding terrorist target selection. In: Richards, Anthony/Fussey, Pete/Silke, Andrew (Hrsg.): Terrorism and the Olympics. Major event security and lessons for the future. New York et al.: Routledge, 2011, S. 49–71.

Smith, Brent: A Look at Terrorist Behavior. How They Prepare, Where They Strike. In: National Institute of Justice Journal, Nr. 260 (2008), S. 2–6.

Swain, Steve: Securing the Transportation System. In: Richards, Anthony / Fussey, Pete / Silke, Andrew (Hrsg.): Terrorism and the Olympics. Major Event Security and Lessons for the Future, London: Routledge, 2011, S. 75–90.

U.S. Department of Justice – Office of Community Oriented Policing Services: Planning and Managing Security for Major Special Events. Washington DC, März 2007.

Vorsamer, Barbara: „Warum wir keine Angst zeigen sollten", Süddeutsche Zeitung online, 16. November 2015. http://www.sueddeutsche.de/panorama/psychologie-warum-wir-keine-angst-zeigen-sollten-1.2739644 (23.05.2017).

Walker, Andrew: „Paris attacks: Assessing the economic impact", BBC online, 02. Dezember 2015. http://www.bbc.com/news/business-34965000 (23.05.2017).

Winter, Charlie: War by Suicide: A Statistical Analysis of the Islamic State's Martyrdom Industry. ICCT Research Paper, Februar 2017.

Ralph W. Krüger

Vizepräsident der Bundespolizeidirektion Berlin

Wir sind Sicherheit – Wir sind die Bundespolizei

Die Bundespolizei ist heute – mehr denn je – fester und integraler Bestandteil der Netzwerke innerer Sicherheit.

Gerade in den sensiblen Kernbereichen einer mobilen Gesellschaft, nämlich auf Bahnhöfen und Flughäfen, leistet sie einen unverzichtbaren Beitrag zur Sicherheit, besonders vor dem Hintergrund der aktuellen terroristischen Bedrohungslage.

Bereits frühzeitig hat sich die Bundespolizei auf derartige Szenarien eingestellt. Neben erhöhter Präsenz an exponierten Orten und robuster Ausstattung der regionalen Einsatzkräfte stellen permanente Trainings zur Bewältigung Komplexer Lebensbedrohlicher Einsatzlagen (KLE) und Einsatzkonzepte mittlerweile einen festen Baustein zur Sensibilisierung aller Polizeivollzugsbeamten dar.

Parallel zu diesen Einsatzkräften sind zusätzliche Interventionsebenen etabliert, die es ermöglichen, bei Bedarf zusätzliche Spezialkräfte wie die Beweissicherungs- und Festnahmeeinheiten (BFE+) und/oder die GSG 9 rasch zum Einsatz zu bringen.

Zudem gilt es jedoch, zwei weitere – entscheidende – Handlungsfelder zu betrachten: Fortsetzung und Intensivierung der bereits bestehenden engen und vertrauensvollen Vernetzung mit allen Sicherheitspartnern, wie auch die Ertüchtigung bestehender technischer Anlagen wie Videoüberwachung pp.

Damit einhergehend laufen derzeit Bestrebungen, bestehende Techniken und Handlungsmuster durch technologische Innovationen weiter zu verfeinern. Intelligente Videoanalyse in Kombination mit Gesichtserkennung befinden sich aktuell in der Pilotphase.

Dadurch gewährleistet die Bundespolizei – gemeinsam mit all ihren Sicherheitspartnern – der aktuellen Bedrohungssituation perspektivisch adäquat entgegen zu treten.

Frank Nürnberger

Zentrale Ausländerbehörde des Landes Brandenburg

Gefahren durch Flüchtlingsströme und Bewachung von Flüchtlingsunterkünften

1. Einleitung

Die Entwicklung des zahlenmäßigen Umfangs der nach Deutschland einreisenden Migranten ab Mitte 2014 bis zu ihrem Höhepunkt im Herbst 2015 hat gezeigt, wie dynamisch sich die Lage nicht nur an den südeuropäischen Küsten, sondern eben auch inmitten Europas und damit weitab von den Außengrenzen des Schengen-Gebietes verändern kann. Bereits ab dem Frühjahr des Jahres 2014 machten sich aufgrund der sich verschlechternden wirtschaftlichen Situation auf dem Balkan und vor allem auch in Griechenland – wo bis zum wirtschaftlichen Niedergang aufgrund der Schuldenkrise viele der späteren Asylsuchenden ihr Auskommen fanden – immer mehr Albaner und Kosovaren auf den Weg nach Deutschland, so dass sich in ihrer Heimat peu á peu beinahe ganze Dörfer entvölkerten. Diese aus den Balkan-Staaten selbst herrührende, immer weiter wachsende Migrationsbewegung mischte sich dann ab Mitte des Jahres 2015 mit der deutlich umfangreicheren und zudem stärker wachsenden Zahl der über die Türkei und Griechenland kommenden Flüchtlinge. Hierauf waren die Aufnahmesysteme innerhalb Deutschlands – welche seit dem sog. Asylkompromiss von 1993 und der daraufhin stark gesunkenen Asylbewerberzahlen sowie infolge des wenig vorausschauenden Drucks der Haushaltspolitiker zu großen Teilen abgebaut und in organisatorischer Hinsicht massiv vernachlässigt worden waren – nicht vorbereitet. Selbst als zu Beginn des Jahres 2015 Politiker in der Öffentlichkeit die damalige Zugangsprognose des Bundesamtes für Migration und Flüchtlinge (BAMF) mit 300.000 Asylsuchenden in 2015 als viel zu niedrig kritisierten[1], haben die allerwenigsten Verantwortlichen adäquat reagiert, sondern mit dem Ausbau der Aufnahmekapazitäten weiter zugewartet. Infolgedessen war die Unterbringung vieler Menschen in unzumutbaren Notunterkünften wie Zeltstädten, Messehallen,

---

1 Vgl. dpa vom 22.02.2015 zur Kritik des Ministerpräsidenten Schleswig-Holsteins, gefunden in Frankfurter Allgemeine – Agenturmeldungen (http://www.faz.net/agenturmeldungen/dpa/albig-bezweifelt-asylbewerber-prognose-des-bundes-13442763.html).

Sporthallen, ehemaligen Flughafenhangars und dergleichen mehr in drangvoller Enge und unter schwierigsten hygienischen Bedingungen unausweichlich. Das eigentlich Erstaunliche daran ist aber, wie ruhig und duldsam die nach Deutschland kommenden Menschen diese Situation und die damit verbundenen, über Wochen und Monate andauernden Strapazen auf sich genommen haben. Der Verfasser selbst kann sich nur an kurze Hungerstreiks von einzelnen syrischen Bewohnern der Erstaufnahmeeinrichtung erinnern, weil sie sich von der schleppenden Bearbeitungspraxis des BAMF in ihrer Hoffnung enttäuscht sahen, ihre Familienangehörigen schnell nach Deutschland nachholen zu können. Hingegen haben es dieselben Männer weitgehend klaglos auf sich genommen, noch im November 2015 beengt in Zelten hausen zu müssen. Es ist eben insbesondere auch der Kooperationsbereitschaft dieser Menschen zu verdanken, dass die Ereignisse des Jahres 2015 nicht in einem umfassenden Chaos endeten, sondern die Deckung der elementaren Bedürfnisse der Neuankömmlinge irgendwie geschafft wurde, auch wenn Diejenige – welche die Worte „Wir schaffen das" prägte – selbst wohl mehr hätte dazu beitragen können.

2. Sicherheit als kulturelles Phänomen

Spätestens seit den Ereignissen der Silvesternacht 2015 auf 2016 in Köln drängte in das öffentliche Bewusstsein, dass sich der Erfolg des Aufnahmeprozesses nicht danach bemisst, ob jeder Asylbewerber irgendwo ein Bett zum Übernachten hat. Zu uns sind keine Möbelstücke gekommen, für die man beheizte Lagerfläche benötigt, sondern Menschen mit ihren Erwartungen, Erfahrungen und eben auch Einstellungen. Als ein afghanischer Bewohner der brandenburgischen Erstaufnahmeeinrichtung darauf angesprochen wurde, warum er seine Frau zuvor körperlich misshandelt hatte, wunderte sich dieser über die Frage und entgegnete, dass sie ja schließlich sein Eigentum sei. So unerhört dieser Satz in Europa anmutet, spiegelt er zugleich eben in Afghanistan und vielen anderen Ländern akzeptierte Einstellungen und Verhaltensweisen wieder. Zurück bleibt wechselseitiges Unverständnis und Ablehnung der jeweils anderen, einem selbst fremdenseienden und im schlimmsten Fall auch künftig fremdbleibenden Kultur. Nehmen wir aber die Frage der Sicherheit im Zusammenhang mit Migration als der Abwesenheit (sich realisierender) Gefahren in den Blick, kommt es unweigerlich zu der keineswegs unvernünftigen Forderung, dass sich „die Ausländer an unsere Regeln halten sollen". In der Tat stellt Sicherheit die Abwesenheit der Missachtung von Grenzen dar, welche durch allgemein akzeptierte Normen gesetzt wurden. Unstrittig hat die Mehrheitsgesellschaft den Wert der Strafvorschriften zum Schutz des Lebens und der körperlichen Unversehrtheit für sich erkannt. In der Erwartung, dass der Staat solche Delikte ahndet, enthält sich der weit überwiegende Teil der hiesigen Bevölkerung selbst derartiger Übergriffe auf seine Mitmenschen, um auch seinerseits hiervor geschützt zu sein. Der zivilisatorische Fortschritt eines Verzichts auf Gewalt als Mittel zur Durchsetzung der eigenen Interessen innerhalb der in Europa anzutreffenden sozialen Kontexte beruht demnach zum einen auf der Erkenntnis des sich daraus für alle und somit auch für einen selbst ergebenden Gewinns. Zum anderen wird aber der Einfluss des in Deutschland anzutreffenden hohen Lebensniveaus und des Umfangs der für die Befriedigung der persönlichen Bedürfnisse zur Verfügung stehenden Zeit nicht zu vernachlässigen sein, weil hierdurch auch die Entwicklung von Empathie für die Mitmenschen und die Fähigkeit zur Entwicklung konfliktfreier Ansätze zur Lösung persönlicher Probleme begünstigt wird. Anders liegen die Dinge in solchen Zeiten, in denen die Menschen um jeden Kanten Brot kämpfen müssen, was von Fall zu Fall dann eben auch wortwörtlich genommen wird.

Wie brüchig dieses in unserer Kultur scheinbar verankerte Selbstverständnis eines gewaltfreien Miteinanders ist, wird jedoch erkennbar, sobald Gewalt abstrakt daherkommt oder uns nicht zu betreffen scheint. Die Deutschen hatten in den achtziger Jahren immense Angst vor den Atomraketen der Supermächte, da alle wussten, dass selbst nach einer begrenzten atomaren Auseinandersetzung als quasi nuklearem Bodycheck zwischen den U.S.A. und der UdSSR von den beiden deutschen Staaten und den hier lebenden Menschen nicht viel übrig geblieben wäre. Exportieren hingegen die westlichen Staaten und damit auch die deutsche Industrie aus Profitinteressen Waffensysteme in die Krisenregionen dieser Welt, können wir uns selten mehr als ein kurzes Bedauern abringen. Ähnlich groß ist unser Desinteresse für die Formen strukturell wirkender Gewalt, wie sie von unfairen Handelspraktiken zum Nachteil der Menschen in der dritten Welt ausgeht. Ob die zu uns kommenden Menschen diese Widersprüchlichkeit erkennen, mag dahinstehen. Die Bereitschaft, unsere sozialen Normen zu verstehen, zu erlernen und in dem Streben dazuzugehören auch zu befolgen, wird denn wohl eher von anderen Dingen negativ beeinflusst.

Wenn sich nun die Deutschen nicht reihenweise einander mit Messern und Äxten meucheln und üblicherweise auch nicht unvermittelt anschreien, leben in der Anonymität der sozialen Medien aber allzu viele ihre negativen Emotionen umso ungehinderter aus. Verbale, psychische Gewalt ist an der Tagesordnung und führt durch ihre emotionalen Auswirkungen leider oft auch bis zum physischen Tod ihrer Opfer. Nicht nur das bleibt den zu uns kommenden Migranten auf Dauer nicht verborgen; viele von ihnen erleben auch im persönlichen Kontakt Ablehnung und Benachteiligung einfach aufgrund ihrer

Abstammung und Hautfarbe, bspw. bei der Wohnungssuche. Aber natürlich
entwickeln sie auch ein Verständnis dafür, dass die Mehrheitsgesellschaft über-
lieferte wie auch in der neueren Zeit geschaffene Normen wie die zehn Gebote oder das geschriebene Recht auf höchst unterschiedliche Art und Weise
zu interpretieren vermag. So vermittelt nicht nur das christliche Gebot des
„Du sollst nicht ehebrechen" mittlerweile eine nur noch als durchwachsen zu
bezeichnende Bindungswirkung, auch die Begehung von Straftaten zum Nachteil des Staates oder von Versicherungen trifft bei Verwandten, Freunden und
Bekannten der Delinquenten überwiegend auf eine gewisse Milde. Schließlich erscheint es oft auch angemessen, dem Arbeitgeber zulasten dessen Ver-
mögens – und sei es durch zurückgehaltene Arbeitsleistung – ein Schnippchen
zu schlagen, da es dieser ja auch nicht immer gut mit einem meinen würde. All
diese relativierenden und differenzierenden Betrachtungsweisen bei der Ori-
entierung an sozialen Normen werden von uns allen kulturell erworben und
unterliegen mit ihren unterschiedlichen Schattierungen in uns selbst einem per-
manenten Anpassungsprozess, wie z. B. auch der Wandel der gesellschaftlichen
Einstellungen zu Homosexualität zeigt. Während früher Ehe automatisch die
Verbindung zwischen Mann und Frau meinte, outet man sich heute – wenn man
sich skeptisch zur Ehe für alle äußert – wohlmöglich als ein in seiner mora-
lischen Verfasstheit in der Adenauer-Ära Stehengebliebener.

Hält man sich die Komplexität, die Individualität und in Teilen auch die Un-
schärfe des gedanklichen und emotionalen Konstrukts vor Augen, an dem wir
Tag für Tag unser Tun und Handeln ausrichten, müssen die vielfach anzutreffenden Versuche der Vermittlung unserer Normen und Werte ggü. Flüchtlingen als
bemüht oder hilflos erscheinen. Erwachsenen Menschen diese einzutrichtern,
indem man sie Sätze wie zum Beispiel „Ich darf meine Frau nicht schlagen" oder
„In Deutschland räumt man seinen Müll weg" nachsprechen lässt, degradiert
sie auf das Niveau von Drittklässlern. Schaut man sich die zahlreichen illegalen
Müllablagerungen in den brandenburgischen Wäldern an, ist man im Übrigen
bei einem Teil der einheimischen Bevölkerung damit offensichtlich auch nicht
sehr weit gekommen.

Normtreue lebt letztlich davon, dass die Normadressaten in der Gesamt-
heit verstehen, was von ihnen erwartet wird, das akzeptieren – insbesondere
weil sie es als sinnvoll ansehen – und dieses auch in schwierigen Situationen
umsetzen können. Der aus den ländlichen Regionen Asiens oder Afrikas kom-
mende, wenig gebildete Mensch wird das nicht in einem zweistündigen Fron-
talunterricht erfassen und erlernen können. Eine friedvolle Gesellschaft lebt
vielmehr von dem sozialen Kitt zwischen ihren einzelnen Mitgliedern, dem

sich daraus ergebenden Zusammengehörigkeitsgefühl und der wechselseitigen sozialen Kontrolle. Fehlt es daran wie bei den sozial Abgehängten ohne jede persönliche Hoffnung, den in ihrer persönlichen Entwicklung beeinträchtigten und vernachlässigten Kindern, Jugendlichen und Erwachsenen oder von den Persönlichkeitsstörungen betroffenen Menschen, sind Grenzüberschreitungen leider die Folge.

3. Spezifika der Sicherheitslage in großen Flüchtlingsunterkünften

Gemessen daran müssten Erstaufnahmeeinrichtungen für Asylbewerber die Hölle auf Erden sein, weil

- die dort neu ankommenden Menschen mit der deutschen Kultur und den hiesigen Wertvorstellungen theoretisch betrachtet nicht im erforderlichen oder gewünschten Maße vertraut sein können,
- sie davon abweichende Wertvorstellungen des Kulturkreises – dem sie entstammen – noch nicht ablegen konnten,
- sie noch keine sozialen Beziehungen zur inländischen Bevölkerung aufbauen konnten und zudem
- ihnen aufgrund ihres schwebenden Asylverfahrens und der sich daraus ergebenden unklaren Bleibeperspektive eben nicht das Gefühl des Angenommen- und des Angekommenseins vermittelt wird, sie also vielmehr Ablehnung verspüren.

Die Wahrheit ist wie so oft weit weniger spektakulär und differenzierter zu betrachten. Aus eigener Anschauung muss der Verfasser zwar leider bestätigen, dass es auch in den Wohnheimen der Erstaufnahmeeinrichtung tatsächlich zu Vorfällen kommt wie Körperverletzungen, häuslicher Gewalt, Kindeswohlgefährdungen, Diebstählen und mehr. Die Frage muss allerdings lauten, welche Delikte in ihrer Begehungsweise oder Häufigkeit spezifisch für die Migranten sind und zu welchen Schlussfolgerungen das führen muss. Hierauf kann es keine einfachen Antworten geben. So findet häusliche Gewalt schließlich auch in deutschen Familien statt, nur können sich die Opfer dort eben nicht direkt an den nur wenige Meter entfernten Sozialarbeiter oder Wachmann wenden. Das Verhältnis von Hell- zu Dunkelfeld ist allgemein schwer einzuschätzen, weswegen eine Bewertung migrationsspezifischer Straftaten Fachleuten vorbehalten bleiben muss. Das Gleiche gilt für Unterschiede im Anzeigenverhalten sowie die Korrelation zum Alter und Geschlecht der Tatverdächtigen. Auch aus diesem Grund nimmt der Verfasser von einer statistischen Auswertung der Vorkommnisse in der brandenburgischen Erstaufnahmeeinrichtung oder anderen Flüchtlingsunterkünften

Abstand. Stattdessen sollten vielmehr die von der kriminologischen Forschungs-
gemeinde in Deutschland hierzu in nächster Zeit zu erwartenden Ergebnisse
abgewartet werden[2].

Sicherlich wirken sich die Lebensumstände in einer beengten Massenunter-
kunft zum Teil begünstigend auf die Begehung von Straftaten aus, teilweise
wirken sie dem aber durch die stärkere soziale Kontrolle und die Betreuungs-
angebote entgegen. Letzteres wird von Anhängern einer an Law an Order ori-
entierten Politik gern belächelt. Nach dem Eindruck des Verfassers gibt es aber
Anzeichen dafür, dass sich gerade solche Angebote, die den Betroffenen Ori-
entierung und Entspannung verschaffen wollen, auch unter Sicherheitsaspekten
durchaus auszahlen können. So ist die Zahl von festgestellten Vorkommnissen
an den unterschiedlichen Standorten der Erstaufnahmeeinrichtung und auch zu
unterschiedlichen Zeitpunkten verschieden ausgeprägt. Alle nach Brandenburg
kommenden Asylsuchenden müssen sich zunächst am Stammsitz der Zentralen
Ausländerbehörde in Eisenhüttenstadt einfinden, um dort registriert zu werden, ihren Asylantrag zu stellen und hierzu vom BAMF angehört zu werden.
Steht eine Anerkennung als Flüchtling bevor, werden sie von Eisenhüttenstadt
direkt auf kommunale Unterkünfte verteilt. Ist der positive Ausgang des Asylverfahrens eher nicht zu erwarten, werden die Asylbewerber in der weiteren
Folge in einer der Außenstellen (Doberlug-Kirchhain, Zossen und Frankfurt
(Oder)) untergebracht, wo sie dann oft mehrere Monate und mit deutlich
weniger Mitbewohnern verbleiben. Durch die geringere Fluktuation und die
längere Aufenthaltsdauer ist es dem Deutschen Roten Kreuz als derzeitigem
Wohnheimbetreiber an den Außenstellen eher als am Stammsitz möglich, mit
den Menschen in eine Beziehung zu treten. Vandalismus wird demgemäß auch
immer dann stärker festgestellt, wenn eine größere Gruppe an Asylbewerbern
in den Außenstellen neu ankommt, was sich dann im weiteren Verlauf wieder
beruhigt. Verhaltensanforderungen werden durch die DRK-Mitarbeiter in gemeinsamen Teerunden mit den Neuankömmlingen erläutert und die Bewohner
wählen sog. Mentoren, welche als Bindeglied zu den Sozialarbeitern fungieren
und helfen sollen, Konflikten entgegenzuwirken bzw. diese zu schlichten. Man
könnte annehmen, dass die drohende Abschiebung und der damit verbundene
Stress genau dieses wieder zunichtemacht. Aber auch ohne eine wissenschaftlichen Ansprüchen genügende Auswertung anführen zu können, geht der erste

---

2 Beispielhaft sei das Forschungsprojekt des Kriminologischen Forschungsinstitutes
   Niedersachsen e. V. mit dem Titel „Analyse der Entwicklung der Kriminalität von Zu-
   wanderern in Schleswig-Holstein" erwähnt (http://kfn.de/forschungsprojekte/analyse-
   der-entwicklung-der-kriminalitaet-von-zuwanderern-in-schleswig-holstein/).

Eindruck eher in eine andere Richtung. Maßgeblich ist der Ansatz, dass den Klienten zu allen möglichen Problematiken aus ihrer Lebenswelt fachkundige Unterstützung gewährt werden soll. Beratung wird eben nicht nur zu Fragen des Asylverfahrens, sondern auch von Partnerschaft, Erziehung und Sexualität, Gesundheit, Suchtverhalten und zur persönlichen Perspektive entweder in Deutschland oder im Fall der Abschiebung im Zielland angeboten. Abgerundet wird das durch eine niedrigschwellige und vor allem zeitnah zu erreichende psychologische Versorgung sowie Beschäftigungsangebote wie Gartenprojekte, Holzwerkstätten, Exkursionen, Deutschunterricht usw. All das zielt eben auch auf den Abbau von Ängsten und Frustration. Ein positiver Umgang selbst mit den abzuschiebenden Menschen vermittelt diesen trotz der ungewollten Perspektive das Gefühl, nicht nur als Objekt staatlicher Herrschaft angesehen zu werden. Damit Menschen „funktionieren", also den sozialen Erwartungen entsprechen, muss man ihnen zumeist also gar nicht über Gebühr viel Aufmerksamkeit widmen, vielmehr sind neben der Unterstützung vor allem Fairness, Empathie und eine offene Kommunikation der Schlüssel zur Bewältigung auch schwieriger Situationen. Trotz all dieser Bemühungen sind aggressive Verhaltensweisen gegen Dritte (wie auch im Übrigen gegen sich selbst) eben nicht auf einen Nullpunkt zu bringen, da nicht alle Menschen aufgrund ihrer spezifischen Situation und psychischen Verfassung erreicht werden können, so dass schließlich bei einer Fremdgefährdung eine repressive Intervention erforderlich wird.

4. Was Sicherheitsunternehmen leisten sollten

Dieses Leitbild strahlt auch auf das Tätigwerden der Sicherheitsmitarbeiter aus. Es ist zwar auch ihre Aufgabe, allein schon durch ihre Präsenz Übergriffen entgegenzuwirken bzw. bei solchen soweit möglich einzugreifen und Opfern Schutz zu bieten. Die Bewachungsaufgaben in Flüchtlingsunterkünften haben aber gleichwohl nichts damit zu tun, dass die dort lebenden Menschen permanent davon abgehalten werden müssen, übereinander herzufallen. Die Situation in Flüchtlingswohnheimen hat nichts mit Endzeitfilmen des SciFi-Genres zu tun, so dass die Sicherheitsmitarbeiter der Wachschutzunternehmen demgemäß eher als partnerschaftlich agierende Helfer und Schlichter unterwegs sein müssen, sei es bei der Ersten Hilfe ggü. erkrankten Bewohnern oder bei Konflikten um die Einhaltung der Nachtruhe. Es hängt viel von den Fähigkeiten, Einstellungen und dem Einführungsvermögen der Wachschutzmitarbeiter ab, ob ihre Tätigkeit eher als hilfreich oder stattdessen problemverschärfend wahrzunehmen ist. Insbesondere ein deeskalierendes Agieren setzt voraus, dass die jeweilige Situation richtig eingeschätzt und der richtige Ton getroffen wird.

Diese Eigenschaften und Fähigkeiten kann man nicht in einer gerade einmal vierzigstündigen Ausbildung erwerben. Wer die Bewachung eines Industriegeländes mit der Tätigkeit in einer Flüchtlingsunterkunft gleichsetzt, hat nicht verstanden, welche Voraussetzungen an die längerfristige Arbeit mit Menschen geknüpft sind, so dass erst recht Diskussionen – ob man tatsächlich überhaupt eine Sachkundeprüfung bei Sicherheitsmitarbeitern in Flüchtlingsunterkünften benötigt – deplatziert erscheinen müssen. Auch wenn an Sicherheitsmitarbeiter nicht dieselben Anforderungen wie an Sozialarbeiter und Erzieher gesetzt werden können und sollen, sind gleichwohl Einfühlungsvermögen sowie kommunikative und interkulturelle Kompetenzen zu fordern. Inwieweit die Aus- und Fortbildungspraxis im Wachschutzgewerbe dem tatsächlich im ausreichenden Maß Rechnung trägt, darf bezweifelt werden. Aus Sicht des Verfassers sollten Wachschutzgewerbe aber auch die Nachfrager nach solchen Leistungen dem deutlich mehr Rechnung tragen. Solange das Sicherheitsgewerbe noch keine hinreichend überzeugenden konzeptionellen Lösungen für dieses Aufgabenspektrum im Angebot hat, hängt viel von dem Geschick und Verständnis des Managements des jeweils agierenden Unternehmens ab. Herrscht hingegen bei einem Sicherheitsunternehmer eine rein kaufmännische Betrachtungsweise vor, bei der es lediglich darum geht, ein gewisses Maß an Mitarbeiterstunden erfolgreich zu verkaufen und sodann einfach nur abzuleisten, wird dieser wegen des fehlenden Verständnisses für die speziellen Anforderungen und Risiken nicht auf lange Frist erfolgreich sein können. Andersherum gesagt könnte ein Anbieter mit einer auf die Sicherheitsbetreuung in Flüchtlingsunterkünften stärker abgestimmten Lösung und einer über dem üblichen Level liegenden Sorgfalt und Kreativität bei der Personalakquise, bei der Aus- und Fortbildung und der Mitarbeiterführung wohl eher Marktanteile mit einer für ihn besseren Vergütungsstruktur erlangen und vor allem auch halten, insbesondere wenn es ihm gelingt, die öffentlichen Auftraggeber in hochwertiger Weise bei der Erreichung ihrer Sicherheitsziele zu beraten, was bei dem Personalmangel in den öffentlichen Verwaltungen und Polizeibehörden auf große Resonanz stoßen sollte. Indes hat der Verfasser derartige Anbieter noch nicht wahrnehmen können, obwohl die Öffentlichkeit zu recht von den Ausländer- und Sozialbehörden weiter zunehmende Anstrengungen beim Gewaltschutz in den Flüchtlingsunterkünften verlangt. Hier tun sich zwar vor allem die kleinen und mittleren Unternehmen des Wachschutzgewerbes schwer, die sich wandelnden Anforderungen als Auftrag und zugleich als Chance zu verstehen. Mitunter vermögen es diese Marktteilnehmer nicht einmal elementare Erwartungen ihrer Auftraggeber zu erfassen und umzusetzen, was neben einem in diesem Sektor verfehlten

Preisdruck die Ursache eines vielfach anzutreffenden hire and fire ist. Aber auch großen Unternehmen der Branche gelingt es nicht oder sie sehen zumindest keinen Vorteil darin, ihre Leistungen in diesem speziellen Marktsegment über ein höheres Qualitätsversprechen zu etablieren. Langfristig betrachtet werden aber in Zeiten der digitalen Revolution und des damit verbundenen tiefgreifenden technischen Wandels nur die Unternehmen weiter Marktchancen haben, die sich quasi als ein Systemhaus der Sicherheit neu erfinden und an der Nahtstelle zwischen privaten bzw. öffentlichen Auftraggebern einerseits und den Sicherheitsbehörden andererseits mit qualitativ hochwertigen technischen und personellen Lösungen überzeugen können, was nicht zuletzt bei der Gewährleistung der Sicherheit der besonders schutzbedürftigen Menschen mit zum Teil komplexen Problemlagen gefragt sein muss.

Dr. Harald Olschok

Hauptgeschäftsführer BDSW / BDGW

Massenveranstaltungen in Zeiten realer terroristischer Bedrohungen

FORSI-Sicherheitswirtschaftstag 2017

Vorbemerkungen

Anfang September 2017 fand im rheinhessischen Bad Kreuznach das sogenannte Fischerstechen statt. Erwartet wurden 15 000 Besucher. In der Allgemeinen Zeitung aus Mainz wurde am 8. August über das „Sicherheitskonzept" der örtlichen Veranstalter berichtet. Ein solches sei notwendig, das wisse man spätestens nach dem Unglück bei der Love-Parade in Duisburg. Man könne aber nicht die von einem privaten Sicherheitsdienst geforderten 3 000 Euro für drei Tage aufbringen. Deshalb sei man dankbar, dass eine örtliche Fahrschule „spontan" angeboten habe, Mitarbeiter umsonst zur Verfügung zu stellen, die den entsprechenden Schein hätten. Gemeint war offensichtlich der Unterrichtungsnachweis nach § 34a der Gewerbeordnung (GewO). Auch der Kleingärtnerverein wollte mit seinen Mitgliedern zur Sicherheit beitragen.

Dieses Beispiel soll nicht überbewertet werden. Es war ein gelungenes und vor allem auch sicheres Fest. Bad Kreuznach ist nicht Nizza, Berlin oder Manchester. Aber auch im fränkischen Ansbach dachte vor einem Jahr im Juli niemand an ein Attentat. Am letzten Tag des alljährlich in der mittelfränkischen Bezirkshauptstadt veranstalteten dreitägigen Musikfestivals versuchte ein Attentäter als Rucksackbomber auf den Festivalplatz zu gelangen. Die Eingangskontrollen waren als Reaktion auf den Amoklauf wenige Tage zuvor im Olympiaeinkaufszentrum in München verstärkt worden. An dem gewählten Zugang wurde der Attentäter abgewiesen, weil er keine Eintrittskarte vorwies. An einer zweiten, hinter der Kartenkontrolle befindlichen Schleuse durchsuchten Ordnungskräfte die Taschen aller Besucher. Der Attentäter wandte sich ab und wenig später explodierte – möglicherweise versehentlich – sein selbstgebauter und von der Brisanz her eher schwacher Sprengsatz, wobei der Attentäter selbst getötet wurde. Geplant war offensichtlich, dass er den Rucksack in einer Menschenansammlung des Festivals abstellen und aus der Ferne zünden sollte.

Es geht im Folgenden nun aber nicht darum, dass irgendein Mitarbeiter einen „Sitzschein" einer IHK vorhält, es geht um ein Gesamtkonzept zum Schutz von Veranstaltungen. Dies kann von leistungsfähigen privaten Sicherheitsdiensten erwartet werden.

Event-geprägte Gesellschaft und die gestiegene Anfälligkeit für Angriffe

Die Zahl der Veranstaltungen ist kaum mehr zu überblicken. Immer mehr davon gilt es zu schützen. Die Zahl der Besucher von Veranstaltungen in Deutschland ist, nach Angaben des German Convention Bureau (www.gcb.de), allein in den letzten zehn Jahren um 100 Mio. von 291 Mio. (2006) auf 393 Mio. (2015) gestiegen. „Die" Veranstaltung gibt es natürlich nicht. Es gibt Großveranstaltungen mit täglich mehr als 100 000 Besuchern, es gibt Sport-, Konzert- und Kulturveranstaltungen, es gibt Volks- und Straßenfeste und es gibt allgemein zugängliche und geschlossene Veranstaltungen. Die Durchführung sicherer Veranstaltungen ist also eine komplexe Aufgabe für alle Beteiligten.

Wir leben in einer immer stärker Event-geprägten Gesellschaft und werden damit immer anfälliger für Angriffe. Das wurde in den letzten Jahren leider immer deutlicher. Die Anschläge betrafen Veranstaltungen im Freien und Gebäude gleichermaßen. Veranstaltungen in Großstädten wie Berlin und Paris gerieten genauso ins Visier von Attentätern wie das erwähnte Musikfestival in Ansbach am 24. Juli 2016. Mit 58 Toten und hunderten Verletzten erlebte vor Kurzem die Glücksspiel-Metropole Las Vegas das tödlichste Schusswaffen-Attentat der amerikanischen Geschichtsschreibung. Der Attentäter hatte aus dem Fenster eines Hotels das Feuer auf die Besucher eines Musikfestivals eröffnet. Bei einem Selbstmordanschlag auf ein Ariane-Grande-Konzert im Foyer der Manchester Arena am 22. Mai hat es mindestens 23 Tote und 59 Verletzte gegeben. Der mutmaßliche Attentäter war den Behörden bereits im Vorfeld bekannt. Das besonders perfide Merkmal dieses Anschlages war, dass zahlreiche Kinder und Jugendliche davon betroffen waren. Die beiden Terroranschläge vom 13. November 2015 auf das Stade de France während des Fußballländerspiels zwischen Frankreich und Deutschland und zeitgleich auf ein Konzert im Bataclan-Theater in Paris forderten 130 Todesopfer und über 350 zum Teil Schwerverletzte. Im Zieleinlauf des Boston-Marathons zündeten am 15. April 2013 zwei Brüder tschetschenischer Abstammung Sprengsätze in Rucksäcken. Dem Attentat auf den Berliner Weihnachtsmarkt auf dem Breitscheidplatz am 19. Dezember 2016 fielen zwölf Menschen zum Opfer.

Es steht fest, dass Security-Maßnahmen sowie eine noch engere Zusammenarbeit mit Polizeibehörden weiter erheblich an Bedeutung gewinnen werden. Große öffentliche Veranstaltungen wie Faschingsumzüge, Fußballspiele, Kirchentag oder Volkfeste wie das Münchner Oktoberfest haben ihre Sicherheitsvorkehrungen deutlich verschärft. Die personellen Anforderungen an private Sicherheitsdienste haben im Zuge dessen deutlich zugenommen.

Love-Parade und die Folgen

Das große Umdenken beim Schutz von Veranstaltungen begann in Deutschland vor sieben Jahren. Am 24. Juli 2010 starben in Duisburg bei der 17. Love-Parade 21 Besucher, über 500 Personen wurden verletzt und leiden teilweise heute noch an den Folgen. Die Ursachen für diese Katastrophe waren kein terroristischer Angriff, sondern offensichtliche Fehler bei der Planung der Besucherströme und ein von vornherein völlig ungeeignetes Festivalgelände. Dieses Ereignis hat zu einem nachhaltigen Umdenken bei allen Beteiligten geführt. Anfang Dezember 2017 begann der Prozess vor dem Duisburger Landgericht.

Die Schutzdefizite wurden analysiert und in zahlreichen Bundesländern, vor allem in Nordrhein-Westfalen, wurden Leitfäden mit Festlegungen und Empfehlungen zur Planung, Genehmigung und Durchführung von Großveranstaltungen entwickelt. Die Projektgruppe „Sicherheit bei Großveranstaltungen im Freien" des Innenministeriums NRW hat im Februar 2011 folgende Ergebnisse veröffentlicht:

1. Bestehende Gesetze und Vorgaben sollen untersucht und ggf. Vorschläge für Änderungen gemacht werden.
2. Ein Veranstaltungsgesetz wurde als überlegenswert bewertet.
3. Fortbildungen von Verwaltungsbeschäftigten und Veranstaltern wurden auf den Weg gebracht.
4. Eine Definition von Großveranstaltungen wurde vorgenommen.
5. Qualifizierung von SOD wurde als besonders wichtig eingestuft.
6. Sicherheitskonzepte werden grundsätzlich gefordert.
7. Unterstützungshilfen für Verwaltung und Veranstalter wurden vorgelegt, so z. B. eine Musterfortbildung „Sicherheit bei Großveranstaltungen".

Eckpunkte des BDSW zur Verbesserung des Schutzes von Großveranstaltungen

Bereits ein Jahr vor dem Leitfaden und wenige Tage nach der Love-Parade hat der BDSW Bundesverband der Sicherheitswirtschaft seine Eckpunkte zur Verbesserung des Schutzes von Großveranstaltungen vorgestellt, die zu einer nachhaltigen Verbesserung des Schutzes von Großveranstaltungen beitragen können.

Der Schutz von Veranstaltungen ist für den Erfolg sowie das Bild des Veranstalters und das Bild der Genehmigungsbehörde in der Öffentlichkeit von großer Bedeutung. Dabei können qualifizierte Sicherheitsdienstleister zum Einsatz kommen und durch Schutz, Sicherheit und Service zu einer erfolgreichen und sicheren Veranstaltung entscheidend beitragen. Das garantiert eine unbeschwerte Atmosphäre für alle Beteiligten und trägt auch zu einem wirtschaftlichen Erfolg für den Veranstalter bei.

Wichtig ist gerade unter Sicherheitsaspekten eine ganzheitliche Betrachtung aller vorgeschriebenen Maßnahmen. Ein frühzeitiger Austausch aller Sicherheitsakteure ist zwingend erforderlich. Für Groß- bzw. Megaveranstaltungen mit mehreren hunderttausend Teilnehmern müssen geeignete und transparente Qualitätskriterien von den Genehmigungsbehörden festgelegt und kontrolliert werden.

1.   *Leistungsfähigkeit des Sicherheitsunternehmens – Führungskräfte mit nachweislicher Erfahrung im Veranstaltungsschutz*
     - Haftung: ausreichender Versicherungsschutz
     - Angemessene Unternehmensgröße in Abhängigkeit von der jeweiligen Veranstaltung bzw. den geforderten Ordnern und Sicherheitskräften
     - Kommunikations- und Führungsfähigkeit durch den Einsatz geeigneter sowie mindestens mit dem Führungskreis des Veranstalters abgestimmter Funk- und Fernmeldetechnik
     - Eigene Unternehmenskontrollen durch Supervisor
     - Vorhandensein eines (allgemeinen) Sicherheitskonzepts für Großveranstaltungen
     - Einhaltung der Vorgaben des Veranstalters bzw. der Ordnungsbehörden
     - Frühzeitige Einbindung in die Sicherheitsplanung
2.   *Einhaltung der gewerberechtlichen Voraussetzungen für das eingesetzte Sicherheitspersonal*
     - Unterrichtungsverfahren bzw. Sachkundeprüfung
     - Zuverlässigkeitsüberprüfung
       • qualifizierter Auszug aus dem Bundeszentralregister
3.   *Aufgabenspezifische Qualifizierung*
4.   *Frühzeitige und umfassende veranstaltungsspezifische Einweisung vor einer Großveranstaltung*
5.   *Einhaltung der tariflichen Mindestlöhne für Sicherheitsdienstleistungen und der Qualitätsstandards*
6.   *Einsatz von Subunternehmen nur unter strikter Einhaltung der oben genannten Voraussetzungen*

7. *Lückenlose Dokumentation*
8. *Klassifikation von Großveranstaltungen*
    - Gewaltpotenzial
    - Crowd control etc.
9. *Kontrollen durch Ordnungsbehörden, Polizei etc.*
10. *Staatliches Rahmenkonzept für Großveranstaltungen*
    - Vorgaben für Anzahl der Ordner/Sicherheitskräfte analog zur FIFA Fuß-ball-Weltmeisterschaft 2006

Qualifizierung für Veranstaltungsordnungsdienste – Abgrenzung von Ordnung und Sicherheit

Die Gewährleistung von Sicherheit und Ordnung von Veranstaltungen ist ein immer wichtiger werdendes Aufgabengebiet von privaten Sicherheitsdiensten geworden. Diese minimieren den staatlichen Ressourceneinsatz und entlasten damit auch den Steuerzahler. Die eingangs erwähnte Zunahme von Großveranstaltungen und das immer höhere Konflikt- und Risikopotenzial hat in den letzten Jahren zu einer Reihe von Herausforderungen und Diskussionsansätzen geführt, die der BDSW mit seinem Arbeitskreis Veranstaltungsordnungsdienst (VOD) begleitet.

Einer der wichtigsten Punkte in diesen Diskussionen ist die klare Definition und eine Trennung der ordnungsdienstlichen und sicherheitsrelevanten Tätigkeiten. Hier haben der BDSW und seine Mitglieder angesetzt und Vorschläge für eine realisierbare und effiziente Ordnungstätigkeit auf Veranstaltungen erarbeitet – immer vorausgesetzt, dass Ordnungs- und Sicherheitsaufgaben von kompetenten Unternehmen durchgeführt werden, die mit professionell geschultem und eingewiesenem Personal arbeiten.

Der Gesetzgeber verlangt zwar in der Muster-Versammlungsstättenverordnung den Einsatz von Ordnungsdiensten, hat diese aber nicht ausreichend definiert. In der Praxis werden die Begriffe „Ordnung" und „Sicherheit" häufig synonym verwendet. Dabei werden die gewerberechtlichen Grundlagen ausgeblendet. Es muss klargestellt werden, dass es sich bei reinen Ordnungsdienstaufgaben nicht um Sicherheitstätigkeiten handelt, sie daher nicht den gewerberechtlichen Grundlagen des § 34a GewO unterliegen. Der BDSW hat daher eine punktgenaue Definition des VOD erarbeitet:

„Veranstaltungsordnungsdienst führt durch, wer als Mitarbeiter eines Bewachungsunternehmens gemäß § 34a der Gewerbeordnung eine der folgenden Tätigkeiten im Rahmen einer Veranstaltung ohne die Übertragung des Hausrechts durch den jeweiligen Veranstalter durchführt und dabei nicht selbstständig handelt, sondern engmaschig durch einen Super-

visor/ Bereichsleiter geführt wird und nicht einer Erlaubnis nach § 34a Gewerbeordnung
bedarf. Umfasst sind die folgenden Tätigkeiten:

- *Kartenabriss und Platzanweisung*
- *Ansprache zum Freihalten von Gängen in Stuhlreihen oder Mundlöchern*
- *Kartenkontrolle an Zuschauer-Blöcken/Bereichen*
- *Kontrolle von Akkreditierungen (Zutrittsberechtigung ähnlich Ticket)*
- *Steuerung von Menschenströmen durch Information*
- *Zufahrtskontrolle auf Akkreditierung*
- *Evakuierungshelfer*
- *Mengenkontrolle der Bereiche*
- *Bergen von hilfsbedürftigen Personen*
- *Lenkung des ruhenden und fließenden Verkehrs auf dem Veranstaltungsgelände*
- *Freihalten von Flucht- und Rettungswegen"*

Diese Definition vorausgesetzt wird deutlich, dass die Mitarbeiter im VOD nicht
der Unterrichtung oder Sachkundeprüfung bedürfen, für sie stattdessen aber eine
tätigkeitsspezifische, einheitliche und vergleichbare Qualifizierung geschaffen
werden muss, die sie auf ihre Tätigkeit vorbereitet.

Die auf VOD spezialisierten Mitgliedsunternehmen des BDSW verfügen über
eine außergewöhnlich große Erfahrung in der Betreuung von verschiedenen Events
aller Größenordnungen. Dabei geht es um Einsätze in den drei Fußballligen, bei
großen Open-Air-Festivals mit internationalen Top Acts oder um Stadtfeste, Um-
züge oder exklusive VIP-Events. Die Dienstleister für VOD unterstreichen ihren
eigenen hohen Anspruch an die Qualität der Serviceleistungen durch regelmäßige
Weiterbildungen und spezielle Trainingseinheiten. Durch die größtenteils eigenverantwortlich organisierte Ausbildung ist es so möglich, eine große Zahl an ver-
anstaltungserfahrenen und gut ausgebildeten Mitarbeitern zur Verfügung zu stellen.
Für die sicherheitsrelevanten, aber auch für die zur Veranstaltungsbetreuung erforderlichen Service- und Ordnertätigkeiten finden zudem regelmäßige Schulungen
unter Berücksichtigung gesetzlicher Vorgaben statt. Die hausinternen Schulungen
stellen sicher, dass die Mitarbeiter im VOD auf die verschiedenen Tätigkeiten
optimal vorbereitet sind. Dazu gehört auch, dass auf Schlüsselpositionen in der
Veranstaltungsbetreuung mehrsprachiges Personal eingesetzt wird. Grundsätzlich
werden die Mitarbeiter während der Veranstaltungen von sehr gut ausgebildeten
Einsatzleitern eng geführt und können auf modernste Einsatzmittel zugreifen.

Da es sich aber um unternehmensinterne, nicht normierte Schulungen handelt,
ist nicht sichergestellt, dass alle Unternehmen diese in gleichem Umfang und mit
den gleichen inhaltlichen Schwerpunkten durchführen. Wenn man aber davon
ausgeht, dass die Mitarbeiter, wie oben dargestellt, nicht unter die bewachungs-
rechtlichen Regelungen fallen und daher nicht den Zulassungsvoraussetzungen

unterliegen, muss eine einheitliche Qualifizierung geschaffen werden, damit alle Mitarbeiter in diesem Bereich auf dem gleichen Stand sind.

Dies betrifft, wie bereits festgestellt, nicht die Mitarbeiter im Veranstaltungssicherheitsdienst, da diese unter den Bereich der Bewachungsdienstleistungen fallen, die gesetzlich durch den § 34a GewO in Verbindung mit der Bewachungsordnung geregelt werden. Der VOD dagegen umfasst eine Vielzahl von speziellen Tätigkeiten, die sich auf die Vorbereitung, Durchführung und Nachbereitung von Veranstaltungen beziehen.

Im Mittelpunkt einer solchen Qualifizierung müssen daher veranstaltungsspezifische Inhalte stehen, wie die Dynamik von Menschenmassen, Psychologie zur Führung von größeren Menschengruppen, Deeskalation von Menschenmassen und das Zusammenwirken von Polizei, Feuerwehr, Rettungsdiensten und anderen am Logistikprozess einer Veranstaltung beteiligten Organisationseinheiten. Solche Inhalte werden im Rahmen der Unterrichtung gemäß § 34a GewO nicht behandelt. Wegen der inhaltlichen Unterschiede und der sehr speziellen Inhalte ist die Integration des VOD in den § 34a GewO auch nicht angeraten.

Etablierte VOD-Dienstleister mahnen schon seit Jahren, dass Veranstaltungsdienstleistungen zukünftig nicht weiter auf Sicherheittätigkeiten gemäß des §34a GewO reduziert werden dürfen. Sie haben deshalb, wie oben erwähnt, begonnen, eigene Qualifizierungsmaßnahmen zu entwickeln und diese nun unter dem Dach des AK VOD des BDSW zu einer eigenen Systematik zusammenzubringen. Hier werden die Tätigkeitsbereiche der einzelnen Mitarbeiter bei einer Veranstaltung definiert und aus den firmenspezifischen Qualifizierungsmaßnahmen die Kenntnisse, Erfahrungen und das komplexe Wissen zusammengeführt. Im Ergebnis wurde ein Schulungs- und Weiterbildungskonzept als Alternative zu § 34a GewO in Qualifizierung und Zertifizierung von Mitarbeitern entwickelt. Das so vermittelte und nachweislich geprüfte Wissen dient in Verbindung mit der Praxiserfahrung der vor Ort eingesetzten Mitarbeiter dem Wohl der Veranstaltungsbesucher.

Im Gegensatz zum Unterrichtungsverfahren nach § 34a GewO wird dieses Schulungskonzept für VOD-Dienste praxisnah und auf die jeweilige Tätigkeit zugeschnitten sein. Das Qualifizierungs- und Zertifizierungskonzept sieht die Vermittlung von allgemeinem Know-how sowie speziellem Fachwissen für die verschiedenen Tätigkeitsbereiche auf einer Veranstaltung vor. Dadurch ist gewährleistet, dass alle eingesetzten Mitarbeiter über die notwendigen Kenntnisse und das Wissen der Abläufe einer Veranstaltung verfügen und dieses auch entsprechend umsetzen können.

Damit können die teilnehmenden VOD-Dienstleister nachweislich sowohl im VOD als auch in sicherheitsrelevanten Positionen jeweils passend qualifiziertes und geschultes Personal einsetzen. Die Umsetzung des Qualifizierungskonzepts wird derzeit vom AK VOD vorangetrieben. Eine entsprechende Online-Plattform wurde bereits erarbeitet, auch die Inhalte stehen größtenteils fest. Über die rechtliche Umsetzung und die Finanzierung wird der AK VOD im Laufe dieses Jahres entscheiden.

Beiträge der Sicherheitsforschung

Weitgehend unbekannt ist, dass das Bundesministerium für Bildung und Forschung im Rahmen seines Sicherheitsforschungsprogramms (www.sifo.de) wichtige Beiträge zum Schutz von Veranstaltungen geleistet hat bzw. leistet. Im Projekt *BaSiGo* wurden wichtige Bausteine für die Sicherheit von Großveranstaltungen erarbeitet. Das von der Hochschule der Polizei initiierte Projekt *SiKomFan* verbesserte die Kommunikation der beim Schutz von Fußballspielen beteiligten Sicherheitsakteure. Langfristig soll die Sicherheit und das Sicherheitsgefühl der Besucher von Fußballspielen so verbessert werden. Seit September 2016 läuft das Projekt *ProVOD*, das zur Professionalisierung des Veranstaltungsordnungsdienstes beitragen soll. Eine wichtige Rolle spielt dabei der Lehrstuhl von Professor Fiedrich für Bevölkerungsschutz, Katastrophenhilfe und Objektsicherheit an der Bergischen Universität Wuppertal.

Fazit

Die mit den erwähnten Forschungsprojekten verbundenen Erkenntnisfortschritte sind enorm. Sie können aber offensichtlich bestehende Rechtsdefizite nicht kompensieren. Auch die Vorschläge der Innenministerkonferenz (IMK) reichen nicht aus.

Die IMK hat in der Fortschreibung des Programms „Innere Sicherheit" 2008/2009 erstmals öffentlich darauf hingewiesen, dass private Sicherheitsdienste ein wichtiger Bestandteil der Sicherheitsarchitektur in Deutschland sind. Gleichzeitig wurde eine verbindliche Zertifizierung von privaten Sicherheitsdiensten gefordert. Zur Konkretisierung wurde eine Projektgruppe eingerichtet. Wir haben den Abschlussbericht der gemeinsamen Projektgruppe „Zertifizierung von Unternehmen im privaten Sicherheitsgewerbe" begrüßt. Der Bericht liefert zahlreiche Vorschläge, wie die von der IMK geforderte Zertifizierung mittel- bis langfristig umgesetzt werden kann.

Eine gesetzlich geforderte Zertifizierung ist, unabhängig von ihrer konkreten Ausgestaltung, wünschenswert. Wir halten allerdings eine verbindliche Forderung rechtlich für nicht umsetzbar. Nach unseren bisherigen Erfahrungen gehen wir nicht davon aus, dass eine Zertifizierung als Voraussetzung für die Vergabe bestimmter Aufträge, etwa in öffentlichen Räumen, verbindlich vorgeschrieben werden kann. Zertifizierungen von Unternehmen sind darauf angelegt, in einem freiwilligen Verfahren bestimmte Qualifikationen und Qualitätskriterien nachzuweisen. Damit soll eine transparente und nachprüfbare Sicherheitsdienstleistung angeboten werden. Wir engagieren uns bei der Weiterentwicklung der DIN 77200. Die Teile 1 und 3 sind inzwischen fertiggestellt und der Öffentlichkeit vorgestellt worden. Bei öffentlichen Aufträgen muss leider auf die Unverbindlichkeit einer rein deutschen DIN-Norm hingewiesen werden.

Dennoch benötigen wir gesetzliche Regelungen. Diese betreffen vor allem private Sicherheitsdienste und die Ausbildung der bei Veranstaltungen eingesetzten Sicherheitskräfte. Insbesondere bei Groß- oder Risikoveranstaltungen müssen die eingesetzten Sicherheitskräfte tatsächlich auf ihre Tätigkeit vorbereitet und die Abläufe für den Ernstfall eingeübt werden. Dies kann nicht, wie dargestellt, im Gewerberecht und nicht durch freiwillige Zertifizierungen geregelt werden. Dazu bedarf es einer spezialgesetzlichen Regelung mit einer gesetzlichen Vorgabe an die Qualifikation der Sicherheitsunternehmen und deren eingesetztes Sicherheitspersonal.

Das zuständige Bundeswirtschaftsministerium kennt diese Defizite und unsere Auffassung dazu seit 20 Jahren – ohne tätig zu werden. Veranstaltungen haben in Deutschland seit der Katastrophe in Duisburg einen hohen Sicherheitsstandard. Bei der aktuellen Bedrohungslage für Veranstaltungen reicht eine Anpassung der Sicherheitskonzepte nicht mehr aus.

Die Polizei wird trotz der notwendigen Neueinstellungen nicht in der Lage sein, alle Veranstaltungen in Deutschland wirksam zu schützen. Es bedarf deshalb qualifizierter privater Sicherheitsdienste mit entsprechend ausgebildeten Mitarbeiterinnen und Mitarbeitern. Der BDSW hat in seinem Forderungspapier konkrete Vorschläge gemacht (https://www.bdsw.de/images/broschueren/Deutschland-sicherer-machen---Positionen-und-Forderungen-des-BDSW.pdf). Das im September neu gewählte Parlament ist gefordert, diese im Interesse der Inneren Sicherheit in Deutschland aufzugreifen.

Exkurs: Wichtige Neuerscheinungen

Auf die aktuelle Bedrohungslage haben jedoch viele Veranstalter reagiert und gestalten den Schutz ihrer Veranstaltungen deutlich professioneller. Denjenigen, die die Zeichen der Zeit noch nicht erkannt haben, sei die Lektüre zweier lesenswerter Neuerscheinungen dringend empfohlen:

Dr. Stephan Gundel (Hrsg.): Sicherheit für Versammlungsstätten – Ein umfassendes Handbuch zur Sicherheitskonzeption, Richard Boorberg Verlag, Stuttgart 2017

Heinrich Bernhardt: Der Einsatz nichtstaatlicher Sicherheitskräfte bei Veranstaltungen – Handbuch für Veranstalter, Betreiber von Veranstaltungsstätten
und Führungskräfte der Sicherheitsdienste, Beuth Verlag, Berlin 2017

Dr. Stephan Gundel, Chefexperte Sicherheit bei der schweizerischen Gruner
Gruppe, ist es gelungen, 18 erfahrene Experten als Autoren zu gewinnen, die ihr
Wissen sowie ihre berufliche Erfahrung in das Werk eingebracht haben. Die grund-
legenden Zusammenhänge und Entwicklungen der Veranstaltungssicherheit werden
aus unterschiedlichen Perspektiven betrachtet. Es ist ein einzigartiges Kompendium,
das eine Fülle von praxisorientierten Hilfen für alle Sicherheitsverantwortlichen
liefert, die mit der Durchführung oder Begleitung von Veranstaltungen bzw. dem
Schutz von Versammlungsstätten befasst sind. In vier Teilen wird die Problematik
umfassend herausgearbeitet. Teil A gibt einführende Erläuterungen zur Struktur
und Analyse des Veranstaltungsmarktes, informiert über aktuelle Entwicklungen
in der Veranstaltungssicherheit und auch über rechtliche Sicherheitspflichten des
Veranstalters. Die Grundlagen der Sicherheit für Versammlungsstätten und Veranstaltungen stehen im Mittelpunkt von Teil B. Dabei wird differenziert zwischen den
unterschiedlichen Vorgaben und Maßnahmen der Veranstaltungssicherheit in den
Bereichen Arbeitssicherheit, Brandschutz, Crowd Management/Besucherbetreuung,
Security/Schutz. Aber auch über das Notfall- und Krisenmanagement wird informiert. Die veranstaltungsspezifischen Besonderheiten, Vorgaben und Maßnahmen
werden in Teil C umfassend herausgearbeitet. Das ist besonders wichtig. Schließlich
unterscheiden sich die Bedingungen bei Sportgroßveranstaltungen, Konzert- und
Kulturveranstaltungen, Freizeitparks und Frühlingsfesten, Straßenfesten und Trend-
Veranstaltungen sowie auch von exklusiven und geschlossenen Gesellschaften mehr
oder weniger deutlich. Inzwischen kann auch eine Hauptversammlung einer Aktien-
gesellschaft zum einem Ziel von Aktivisten werden. Veranstaltungen können nur
durch das Zusammenspiel der Veranstalter, der zuständigen Behördenorganisation
mit Sicherheitsaufgaben und natürlich den privaten Sicherheitsdienstleistern geschützt werden. Die Sicht der Behörden und Organisationen mit Sicherheitsaufgaben
steht im Mittelpunkt des abschließenden Teil D. Hier wird die Sicht der Genehmigungsbehörden, der Polizei, der Feuerwehren, der Rettungsdienste und auch der
öffentliche Verkehrsbetriebe dargestellt und umfassend herausgearbeitet.

Dieses Handbuch schließt eine Marktlücke und wird zu **dem** Nachschlagewerk
für alle sicherheitsrelevanten Fragestellungen bei Veranstaltungen werden. Es zeigt
auch die Grenzen rechtlicher Vorgaben auf. Alle Beteiligten sind im eigenen Interesse permanent gefordert, aus den bisherigen Erfahrungen zu lernen und für
künftige Veranstaltungen einen noch besseren Schutz zu liefern. Die Autoren dieses
Werks liefern dafür wichtige Grundlagen.

Heinrich Bernhardt wendet sich in seinem Werk primär an Veranstalter, Betreiber von Veranstaltungsstätten und an Führungskräfte der Sicherheitsdienste. Auch Heinrich Bernhardt erhebt den Anspruch eines Handbuchs. Bernhardt war 47 Jahre bei der Hessischen Polizei, zum Schluss als Polizeipräsident in Offenbach tätig. Wie kaum ein Zweiter hat er sich ehrenamtlich für eine permanente Verbesserung der Sicherheitskonzepte im Fußball engagiert. Er war viele Jahre für den DFB tätig und berät Unternehmen bei der Durchführung von Veranstaltungen, erstellt Stellungnahmen zu Sicherheitsfragen und erarbeitete unter anderem auch ein Gutachten zum Desaster bei der Love-Parade 2010. Mit seinem Buch will Heinrich Bernhardt Sicherheitsdienste umfassend instruieren und als Nachschlagewerk bei allen relevanten rechtlichen und praktischen Fragen ihrer sicherheitsbezogenen Aufgabenwahrnehmung dienen. Das gelingt ihm durch die Verwendung praktischer Beispiele und eine klare und überzeugende Gliederung.

Bernhardt beschränkt sich aber nicht nur auf die Vermittlung praktisch-operativen Wissens. Er gibt auch zahlreiche Beispiele für die aktuelle Rechtsprechung und vermittelt juristische Zusammenhänge. Mit klaren und nachvollziehbaren Aussagen werden Problemlösungen beim Einsatz von nichtstaatlichen Sicherheitsdiensten erörtert. Seine Erfahrung beim DFB dürften Bernhardt dazu bewogen haben, sich näher mit dem Thema veranstaltungseigener, nichtgewerblicher Sicherheits- und Ordnungskräfte vs. gewerbliche Sicherheitskräfte eingehender zu beschäftigen. Es ist zunächst die Entscheidung des jeweiligen Fußballvereins, ob er zum Schutz seiner Spiele auf eines dieser beiden Modelle bzw. auch auf Mischformen zurückgreift. Dadurch ergeben sich aber nicht unerhebliche rechtliche Konsequenzen. Der vereinseigene Ordner unterliegt nicht dem Gewerberecht, muss seine Mitarbeiterinnen und Mitarbeitern somit auch nicht dem Unterrichtungsverfahren bei einer Industrie- und Handelskammer unterziehen. Der vereinseigene Ordner unterliegt auch nicht den Tarifverträgen des BDSW. Er muss nur nach dem gesetzlichen Mindestlohn entlohnen. Die damit verbunden Unterschiede und Probleme arbeitet Bernhardt gut heraus, ohne dabei für die eine oder andere Variante Partei zu ergreifen.

Ein besonders wichtiger Aspekt beim Schutz von Veranstaltungen wird bei Bernhardt eher in einem Nebensatz erwähnt. Er fordert die Veranstalter auf, ausreichendes Personal einzusetzen und dabei nicht an falscher Stelle zu sparen. Wer die Personalstärke ausschließlich an monetären Gesichtspunkten orientiere, werde seiner Sicherheitsverantwortung nicht gerecht. Womit wir wieder beim Fischerstechen in Bad Kreuznach wären.

Ernst Steuger

Vorsitzender des Fachausschusses Schutz von Flüchtlingsunterkünften

Bundesverband der Sicherheitswirtschaft (BDSW)

Thema: Bewachung von Flüchtlingsunterkünften

Der Fachausschuss wurde Mitte 2015 vor dem Hintergrund diverser Vorfälle innerhalb der Flüchtlingsunterkünfte gegründet.

Analysen ergaben, dass fehlerhafte Vergabemethoden und fehlende Kontrollmechanismen zum Großteil zu diesen Vorfällen geführt haben. Um sich einen Eindruck zu verschaffen, habe ich nachfolgend ein paar Beispiele kurz beschrieben.

Betreibermodel zusammen mit Sicherheit vergeben

Es wurde teilweise im großen Stil an Betreiber vergeben, welche alle Dienstleistungen im Zusammenhang mit den Flüchtlingsunterkünften abdecken sollten, so auch die Bewachungsdienstleistungen. Dies ist aber nach dem Vergaberecht aufgrund des reglementierten Gewerbes nicht möglich, wenn der Betreiber nicht selbst im Besitz der Gewerbeerlaubnis nach § 34a ist.

Vergaben nach dem Billigstbieter – Verfahren

Meist werden diese Aufträge nach dem Prinzip 100 % Preis mit der niedrigsten Qualifikation vergeben. Das heißt, dass die Mitarbeiter (bis auf die Führungskraft vor Ort) nur die Unterrichtung nach § 34a mit 40 Stunden durchlaufen.

Keine vorherige Anzeige bzw. Freigabe von Sub oder Sub, Sub Verhältnisse

Generell kann die zur Auftragserfüllung notwendige Hinzuziehung von Subunternehmen nicht untersagt werden. Was aber seitens der Vergabestellen vorgegeben werden kann ist die vorherige Anmeldung, Freigabe und die Verpflichtung zur Spiegelung der Vertragsinhalte von Subunternehmen. Was dann im Nachgang geschehen muss, ist die regelmäßige Kontrolle auf Einhaltung der vertraglichen Verpflichtungen. Dies gilt gleichermaßen für den Auftragnehmer sowie für seine Subunternehmen. Teilweise fanden sich bis zu vier Untervertragsverhältnisse mit der Frage verbunden, was der letzte in der Kette noch erhält, um sein Personal tarif- und rechtskonform zu bezahlen.

Explosionsartiger Anstieg von Sicherheitsunternehmen

Aufgrund der vorherigen Regelung zur Gewerbezulassung (80 Std. Unterrichtung für Gewerbetreibende) und der anschließenden Berechtigung sich den Gewerbeschein bei der Kommune zu holen waren Tür und Tor für einen extremen Anstieg von Neuzulassungen im Bereich Sicherheitsdienste offen. „Ich mach mich mal schnell selbständig", ist aus meiner Sicht in unserem Gewerbe keine von Qualität gekrönte Aussage. Wir haben es hier mit kritischer Infrastruktur zu tun und da kann es nicht sein, dass man auch nach der derzeitigen, geänderten Rechtslage (mit Prüfung der Sachkunde) so leicht ein Sicherheitsunternehmen eröffnen kann.

Auf der anderen Seite haben wir eine 2 jährige und eine 3 jährige Ausbildung, es gibt den Meister für Schutz- und Sicherheit und sogar einen Studiengang. Und jetzt kommt jemand mit Sachkunde, macht sich selbständig und erklärt diesen Leuten, was sie zu tun haben. Hier sehe ich noch deutliches Verbesserungspotential.

Der Gesetzgeber hat einen ersten Schritt in die richtige Richtung getan, jetzt gilt es auch die nächsten Schritte zu gehen.

Was haben wir getan

Der Fachausschuss hat sich nach seiner Gründung 2015 intensiv mit der Erarbeitung eines Positionspapiers mit klaren Forderungen an die Politik und die Vergabestellen befasst. Es wurde eine Broschüre als Handlungshilfe für die öffentliche Hand erarbeitet und auch beratend bei der Überarbeitung von neuen Vergabeunterlagen zur Verfügung gestanden.

Auch wurde eine Anlage in Abstimmung mit dem Fachausschuss Ausbildung erarbeitet, welche einen Rahmenplan für die Ausbildung im Bereich interkulturelle Kompetenz abbildet.

Wer der Meinung ist, dass die Bewachung von Flüchtlingsunterkünften aufgrund sinkender zahlen ohnehin bald Geschichte ist, der irrt. Sicherlich hat sich die Lage nach dem großen Ansturm im Jahr 2015 gelegt und es müssen keine Notunterkünfte mehr bewacht werden. Dennoch sind aktuell viel mehr Einrichtungen vorhanden als noch vor ein paar Jahren. Und die müssen nach der anfänglichen Freihandvergabe Zug um Zug einer vernünftigen Ausschreibung zugeführt werden. Es bleibt also spannend und eine interessante Aufgabe.

Ernst Steuger
Vorsitzender des Fachausschuss
„Schutz von Flüchtlingsunterkünften"

Prof. Dr. Dr. h.c. mult. Rolf Stober

Universität Hamburg / FORSI-Europa-Universität Viadrina

Wie die Sicherheitswirtschaft von der Sicherheitswissenschaft profitieren kann – Das Beispiel Beleihung

I. Zur Neugier, praxistaugliche Lösungen zu finden

Wissen Sie, was ein Schülerlotse oder ein Verkehrshelfer ist?[1] Wissen Sie auch über die Rechtsstellung des Schülerlotsen Bescheid? Diese Frage hat mich im Jahre 1970 fasziniert und darüber habe ich promoviert.[2] Aber was hat der Schülerlotse mit meinem Thema zu tun? Sehr viel. Zum Einen geht es um Sicherheit im öffentlichen Raum und um Rechtssicherheit. Zum Anderen geht es um die Neugier, unbekanntes Terrain zu erforschen und praxistaugliche Lösungen zu finden.

II. Forschungsgegenstand: Beleihung der Sicherheitswirtschaft

Öffentliche und private Sicherheit müssen verfassungskonform sein. Sie müssen insbesondere das Demokratie- und Rechtsstaatsprinzip beachten. Private Sicherheitsdienstleister dürfen nur dann tätig werden, wenn der Gesetzgeber sie dazu legitimiert. Das ist bei einer Beleihung mit verwaltungsrechtlichen Befugnissen der Fall. Dieses Rechtsinstitut hat sich vielfach bewährt. Man denke nur an die Klassiker Flugkapitän, Schiffskapitän und TÜV-Sachverständiger[3].

III. Antrittsvorlesungen als Forum für innovative Themen

Dieser Beitrag erzählt eine Geschichte aus meiner Wissenschaftswerkstatt. Sie konzentriert sich auf das Stichwort Beleihung aus der Perspektive der Sicher-

---

1 Siehe Verkehrszeichen Nr. 356 StVO.
2 Rolf Stober, Schüler als Amtshelfer, 1972.
3 Stober, in: Wolff/Bachof/Stober/Kluth, Verwaltungsrecht Band II, 7. Auflage, § 90; Stober, Allgemeines Wirtschaftsverwaltungsrecht, 18. Auflage, § 40 I; Braun, in Stober/Olschok u. A. (Hg.), Managementhandbuch Sicherheitswirtschaft und Unternehmenssicherheit, 2012, Rn. A 261 ff und 289 ff.

heitswirtschaft. Wir schreiben das Jahr 1996. Damals hielt ich an der Universität Hamburg meine Antrittsvorlesung mit dem Titel „Staatliches Gewaltmonopol und privates Sicherheitsgewerbe"[4].

Antrittsvorlesungen haben ihre Besonderheiten:

- Sie finden ohne Diskussion statt, weshalb der unmittelbare Rechtfertigungsdruck entfällt.
- Sie finden auf Universitätsebene statt, weshalb mutige und innovative Thesen transportiert werden können.
- Sie finden medienwirksam statt, weshalb Ergebnisse auch in der Öffentlichkeit debattiert werden können.

IV. Befund und Fragestellung

Mut und argumentative Innovation waren auch bei meinem Thema dringend nötig. Denn das Sicherheitsgewerbe litt 1996 unter einem schlechten Ruf. Die wissenschaftliche Literatur stand der Branche ignorierend oder ablehnend gegenüber. Die Medien sprachen von „Grauzonen" und „Schwarzen Schafen". Die Praktiker beklagten Qualifikationsdefizite und die Polizei sperrte sich gegenüber Kooperationen. War diese Einschätzung zutreffend? War es nicht an der Zeit, diesen Befund zu hinterfragen und zu überdenken? Oder anders formuliert: Sollte sich die Polizei nicht von bestimmten Routineaufgaben entlasten? Wäre es nicht zweckmäßig, private Sicherheitsdienstleister zu qualifizieren und sie in die Wahrnehmung bestimmter hoheitlicher Aufgaben einzubinden?

V. Vorstoß § 26 StVG gescheitert, Luftsicherheitsassistent akzeptiert

Angesichts dieser konträren Ausgangslage schlug ich in meiner Antrittsvorlesung vor, § 26 StVG als Ermächtigungsgrundlage für Private zur Überwachung des ruhenden Verkehrs zu öffnen. Die Zeit war aber offensichtlich noch nicht reif für eine Beleihung mit ordnungsbehördlichen Befugnissen. Die Initiative ist letztlich am Bundesrat gescheitert. Gleichzeitig hatte ich damals darauf hingewiesen, dass sich die Rechtsfigur Beleihung auch für die Bewachung kritischer Infrastrukturen wie Bahnhöfe und Flughäfen eigne. Das Ergebnis kennen Sie. Im Jahre 2005 war es soweit, nachdem feststand, dass die Bundespolizei nicht in der Lage ist, die

---

4 Stober, NJW 1997, 889 ff.

Personenkontrolle an Flughäfen durchzuführen. Der Gesetzgeber hat mit § 5 V LuftSiG eine Rechtsgrundlage für den Einsatz sog. Luftsicherheitsassistenten geschaffen. Die Legislative hat aber weder diese Bezeichnung in den Gesetzestext übernommen noch die Rechtsstellung der Passagierkontrolleure konkretisiert. Deshalb war auch umstritten, ob Luftsicherheitsassistenten bei Tarifverhandlungen streiken dürfen[5].

VI. Beleihung der Sicherheitswirtschaft als Ausnahme?

Unabhängig davon hat sich das Verhältnis zwischen Polizei und Sicherheitsgewerbe in letzter Zeit grundlegend gewandelt. So hat etwa die Ständige Konferenz der Innenminister und Innensenatoren das Sicherheitsgewerbe als wichtigen Bestandteil der Inneren Sicherheit gewürdigt[6]. Gleichwohl bliebe sie gegenüber Beleihungen sehr zurückhaltend. In dem Programm Innere Sicherheit 2008/2009 heißt es, Beleihungen sollten die Ausnahme bleiben[7]. Diese Positionierung wird allerdings nicht näher begründet. Und es versteht sich von selbst, dass der Hinweis auf das Wort „Ausnahme" kein nachvollziehbares und überzeugendes Sachargument darstellt. Vielmehr kommt es darauf an, ob und inwieweit die Beleihung privater Sicherheitsdienstleister sinnvoll ist und welche Kriterien maßstabsbildend sein sollen. Insofern bleibt festzuhalten, dass sich die Luftsicherheitsassistenten an Flughäfen offensichtlich bewährt haben[8]. Vor diesem Hintergrund hat die im Jahre 1999 am Institut für Recht der Wirtschaft der Universität Hamburg gegründete Forschungsstelle Sicherheitsgewerbe (FORSI) die Beleihungsdiskussion mit Tagungen, Publikationen und Dissertationen vorangetrieben[9]. Vornehmlich haben wir uns intensiv mit dem erforderlichen Voraussetzungen und Bedingungen einer Beleihung befasst. Wir haben folgende juristische Minimalanforderungen aufgestellt.

---

5   Stober, NJW 2013, 538 ff.
6   Siehe die Nachweise bei Stober u. A. (Hg.) Managementhandbuch, a. a. O. Rn. 79.
7   Siehe Fortschreibung des Programms Innere Sicherheit 2008/2009, abgedruckt in: Stober, Managementhandbuch, a. a. O. S. 44 ff.
8   Siehe zuletzt Emily Haber, Staatssekretärin im BMI, in: DSD 1/2017, S. 16 ff.
9   Inga Mohrdieck, Privatisierung im Bereich öffentlicher Verkehrsräume, 2004; Meike Klüver, Die Beleihung des Sicherheitsgewerbes mit Aufgaben der Öffentlichen Sicherheit und Ordnung, 2006; Stober, Gesetzlich normierte Kooperation zwischen Polizei und privaten Sicherheitsdienstleistern, 2007; Stober, Verkehrssicherheitspartnerschaften, 2012.

VII. Voraussetzungen für eine Beleihung mit polizeilichen Befugnissen

- **Öffentliches Interesse** an einer Beteiligung Privater (Rechtspolitische Entscheidung)
- **Funktionale Äquivalenz** privater Aufgabenerfüllung (Fachlich-qualitative Entscheidung)
- **Klare Partnerschaftsregeln** (Rechtsstaatlich-demokratische Entscheidung)
- **Beachtung unionsrechtlicher und verfassungsrechtlicher Beteiligungsgrenzen** (Rechtskonforme Entscheidung)[10].

VIII. Kriterienübernahme in § 16a LuftSiG einschließlich Gebührenoption

Diese Kriterien finden sich in vollem Umfang in dem im Jahre 2016 neu geschaffenen § 16a LuftSiG[11]. Diese Vorschrift ist nicht nur inhaltlich ein Quantensprung, sondern zugleich eine ideale Blaupause für künftige Beleihungstatbestände. Der Gesetzgeber hat nämlich erstmals einen eigenen Beleihungsparagraphen kreiert und die Rechtsstellung des Beliehenen detailliert normiert[12]. Ferner wurde eine Befugnisregelung aufgenommen, die zur Vornahme der erforderlichen Maßnahmen berechtigt (§ 16a IV LuftSiG). Darüber hinaus wurde die Staatsaufsicht sowie die Staatshaftung bei Amtspflichtverstößen der Beliehenen festgeschrieben(§ 16a VI LuftSiG). Ein Novum ist schließlich die neue Gebührenbestimmung § 17a LuftSiG, die an versteckter Stelle eine für die Sicherheitswirtschaft interessante Finanzierungsoption enthält. Üblicherweise sind Behörden für die Festlegung und Erhebung von Gebühren zuständig. § 17a IV 2 LuftSiG i. V. m. § 5 Nr. 2 Bundesgebührengesetz gestattet jedoch eine davon abweichende Festlegung. Danach können auch Beliehene Gebührengläubiger sein. Bekannte Muster sind der TÜV-Sachverständige sowie der Bezirksschornsteinfegermeister(§ 20 Schornsteinfeger-Handwerkergesetz),die den Kunden die angefallenen Kosten direkt in Rechnung stellen können.

---

10 Stober, Gesetzlich normierte Kooperation, a. a. O. S. 22 f. und S. 208 f.; Stober u. A. (Hg.) Managementhandbuch, a. a. O., S. 42 ff. und S. 208, Rn A 433.
11 BGBl. I vom 23. 2. 2017, S. 298 ff., 305.
12 Siehe auch die Amtliche Begründung zu BT-Ds. 18/9752 vom 26. 9. 2016.

IX. Science-Fiction-Scenario 2027

Vergegenwärtigen wir uns in diesem Kontext einen Blick in die Zukunft der Sicherheitswirtschaft. Ein Science-Fiction-Scenario im Jahre 2027 könnte so aussehen:

- Die Sicherheitsbehörden stoßen an personelle und finanzielle Grenzen,
- Kriminalität und Terrorismus beherrschen die Sicherheitslage,
- Die Sicherheitswirtschaft befindet sich auf einem qualitativ hohen Standard,
- Sicherheitswirtschaft und Sicherheitsbehörden pflegen eine vertrauensvolle Kooperation.

Das ist die Stunde für weitere Beleihungen privater Sicherheitsdienstleister. Sie schlummern als produktreife Geschäftsmodelle seit Längerem in Schubladen von Wissenschaftlern und Praktikern schlummern und warten darauf, wachgeküsst zu werden:[13]. Hier einige Beispiele:

- Objektsicherheit bei sensiblen Einrichtungen und kritischen Infrastrukturen
- Ordnungs- und Kontrolldienste in öffentlichen Verkehrsmitteln
- Überwachung des ruhenden Verkehrs
- Technische Rotlichtüberwachung
- City-Streifen
- Absicherung von Großveranstaltungen.

X. Fazit

Ich komme zum Schluss. Was lernen wir aus dieser Geschichte? Mittel- und langfristig rentiert es sich für die Sicherheitswirtschaft in die Sicherheitswissenschaft zu investieren. Oder mit den Worten eines international bekannten Sprichwortes: „Gut Ding will Weile haben."

---

13 Stober, Gesetzlich geregelte Kooperation, a. a. O., S. 206; Braun, in Stober u. A. (Hg.), Managementhandbuch, a. a. O,. A Rn 261 ff. und 289 ff. Siehe aber auch OLG Frankfurt, NJW 2016, 3318 ff, das allerdings über einen Fall ohne Beleihungstatbestand zu judizieren hatte.

Richard Huber

IT-Sicherheit erleben

Das Lernlabor Cybersicherheit in der Fraunhofer Academy als Kooperation von Fraunhofer FOKUS und der Hochschule für Technik und Wirtschaft Berlin (HTW Berlin)

Einleitung

Die zivile wie auch die Informationstechnische Sicherheit sind aktuell, mit Stand Sommer 2019, mehr denn je bedroht durch ausgefeilte Angriffsmethoden und eine kaum zu überblickende Vielfalt an Technologien zur Abwehr von Angriffen auf Infrastrukturen.

Mit weitrechenden Erfahrungen im Bereich von Trainings, des Erlebbar-ma-chens komplexer Themen aus Forschung und Entwicklung sowie zur Abrundung von Schulungen und Kursen in der Fraunhofer Academy baut das Fraunhofer FOKUS zusammen mit seinem strategischen Partner, der HTW Berlin derzeit das kooperative Lernlabor Cybersicherheit auf. Ziel ist ein Erlebnisort, an dem IT-An-griffe und IT-Abwehrverfahren erlebbar und begreifbar gemacht werden können

Gefahren im Verborgenen

Charakteristisch für Abläufe in der IT-Sicherheit, für Angriffsverfahren und für Abwehrtechnologien ist, dass diese für uns Menschen meist im Verborgenen ablaufen. Viele Angriffsversuche werden nicht bemerkt, weil sie zu schnell oder auf technischen Schichten ablaufen, die die meisten Menschen niemals zu Gesicht bekommen. Aus diesem Grund ist der Faktor Mensch[1] für Angreifer heute das primär wichtigste Einfallstor. Die Herausforderung besteht also darin, eine nachhaltige, auch Stresssituationen gewachsene Sensibilisierung der Menschen (Awareness) in ihren jeweiligen Arbeitsprozessen zu schaffen.

Dabei genügt es nicht, Verfahren, Technologien, Strategien und Abläufe theoretisch zu erklären. Hat Lernen doch viel mit Erfahrungen zu tun. Ein „sich Bewusst werden", ein Antizipieren von Cyberangriffen und von IT-Sicherheits-technologien bedarf eines Erlebens der Bedrohungen.

---

1   Siehe Publikation DIE LAGE DER IT-SICHERHEIT IN DEUTSCHLAND 2017 des Bundesamtes für Sicherheit im Informationswesen (BSI), BSI-LB17/506, Seite 21 ff.

Die Betrachtung von aktuellen Schulungsmaterialien zur IT-Sicherheit lässt feststellen, dass zur Vermittlung der komplexen Abläufe nahezu ausnahmslos textuelle Medien – bestenfalls unterstützt durch Abbildungen, Schaubilder und einigen kleinen Animationen oder Video-Tutorials zum Einsatz kommen. Ein unbefriedigender Zustand für ein Schulungsthema, das so sehr auf Kompetenzbildung setzt, wie die IT-Sicherheit.

„Können heimlicher Datenversand von Betriebssystem und an populäre Websites gekoppelte Werbenetzwerke für unerfahrene Menschen hörbar gemacht werden?" – haben sich die Sicherheitsforscher am Weizenbaum-Institut und am Fraunhofer FOKUS gefragt. „Kann dem Nutzer eine Art „Röntgen-Gerät" in die Hand gegeben werden, mit dem dieser verborgene Prozesse hinter den Fassaden der Anwendungen auf seinem PC betrachten kann? Können die Daten, die Fitness-Tracker und SmartWatches an unbekannte Server in der ganzen Welt verschicken, abfangen und für Nutzer sichtbar gemacht werden?" Diese und viele andere Wege, IT-Sicherheits-Abläufe gänzlich neu darzustellen und aufzubereiten ist Kern des Lernlabors Cybersicherheit, das eingebettet in spannende Kurse und Trainings der Fraunhofer Academy die Kompetenzen der HTW Berlin und des Fraunhofer FOKUS mit der Grundlagenforschung im Weizenbaum-Institut für die Vernetzte Gesellschaft zusammenführt und den gemeinsamen, immersiv erfahrbaren Erlebnisort am Campus Schöneweide prägt.

Fraunhofer FOKUS besitzt eine langjährige Erfahrung in Aufbau und Optimierung von Laboren und Showrooms, in denen komplexe Technologien und schwer zu erklärende Abläufe und Prozesse in eine verständliche, begreifbare Form übersetzt werden.

Dabei bedarf es verschiedener Darstellungen für unterschiedliche Zielgruppen aus Privatwirtschaft, öffentlicher Verwaltung, Behörden und von BOS.

Was bedeutet „IT-Sicherheit erlebbar und begreifbar machen"?

Schulungen zur Mitarbeiter-Awareness nehmen im Rahmen integrierter Datenschutz- und Informationssicherheitssysteme heute eine bedeutsame Rolle ein. Denn immer mehr Angriffe auf IT-Infrastrukturen von Industrie und Behörden richten sich primär auf den „Faktor Mensch". Gezieltes Social Engineering in Verbindung mit hervorragend personalisiertem Phishing zielen auf typisch menschliche Schwachstellen und Emotionen – Neugier, Angst, hohe Belastung, Stress und Libido. Der auf dem Parkplatz gefundene USB-Speicherstick wird mittlerweile gemieden – aber wie verhält es sich mit den Werbegeschenken namhafter Unternehmen. Droht da auch Gefahr?

Foto: Welche Gefahr geht von einem gefundenen USB-Stick aus?

Quelle – eigenes Foto des Autors

Der „Faktor Mensch" vor dem Rechner gilt als der am schwierigsten zu schützende und zu „härtende" Faktor. Denn anders als bei Technik gibt es für das menschliche Verhalten – gerade in Belastungssituationen – keine Standards. Jedes Individuum ist anders, reagiert auf geschickt gewählte Angriffsverfahren anders. Und die Angreiferseite kennt eine große Zahl typischer Schwächen des Menschen und entwickelt immer raffiniertere Verfahren, diese „menschlichen Unsicherheiten im Verteidigungswall um die Firmenassets herum" auszunutzen.

Im kooperativen Lernlabor Cybersicherheit von Fraunhofer FOKUS und der HTW Berlin erlebt der Besucher, was passieren kann, wenn ein unbekannter Datenträger an das Notebook gesteckt wird – gänzlich ohne Gefahr einer tatsächlichen Zerstörung wertvollen Equipments und doch so realistisch, dass damit eine nachhaltige Sensibilisierung erzielt wird. In einer Vielzahl erlebbarer Szenarien und Showcases werden typische Angriffe nachgestellt und für den Nutzer in leicht zu begreifenden Visualisierungen zu einem ganzheitlichen Wissens- und Erlebniskosmos zusammengefügt.

Hier kann der Lernende das ausprobieren, wovor ihn Sensibilisierungsschulungen stets warnen – E-Mail Anhänge öffnen, infizierte Webseiten starten oder sein mobiles Endgerät in unbekannte Access-Points einklinken. Gefahrlos und mit der Sicherheit, dass seine Daten von den Forschungspartnern FOKUS und der HTW Berlin nicht in die Hände Dritter geleitet werden, lernt er bislang nur theoretisch erklärte Angriffe zu durchschauen und zu begreifen. In einer immersiv stringenten Gesamtumgebung taucht er ein in weltweite Angriffsszenarien und bekommt Einblicke in die Motivations- und Gedankenwelt von Hackern unterschiedlicher Professionalität.

Dabei deckt das Lernlabor Cybersicherheit unterschiedliche Bedarfe ab:

Es fungiert als immersiver Erlebnisraum im Rahmen von Führungen für die langfristig geplanten ca. 40–60 Gruppen aus Politik und Medien jährlich sowie für Delegationen, die tiefgehende Einblicke in Herausforderungen und Abwehrtechnologien der IT-Sicherheit erhalten.
Weiterhin führt es als Innovationsinkubator und ThinkTank Akteure und Experten der IT-Sicherheitsbranche zusammen und regt, durch sein Erlebbar-Machen von Angriffs- und Abwehrmethoden zur Diskussion und zum „Entdecken" neuer Herangehensweisen und Technologien zwischen Forschung, Wissenschaft, Politik und den Bürgerinnen und Bürgern an.
Neben allgemeinverständlichen Informationen zu Angriffen und Abwehrtechnologien der IT-Sicherheit und dem immersiven Erleben von IT-Bedrohungen will der Ort typische IT-Sicherheitsindustrielösungen in einer generischen und an verschiedene Schutzniveaus anpassbaren IT-Sicherheitslandkarte auf Fraunhofer/HTW Berlin typisch – neutralem Terrain an die Informationsbedarfe von Behörden, Kommunen, staatlichen Einrichtungen und BOS vermitteln und Entscheidern dieser Einrichtungen damit herstellerneutrale Entscheidungshilfen und Hintergrundinformationen für die Anforderungen der Digitalen Transformation liefern.

In Summe bauen wir einen skalierbaren – verschiedene Szenarien und Bedarfe zusammenführenden, Diskussionen und Zusammenarbeit fördernden Schulungs- und Ausprobierraum im Rahmen der Fraunhofer Academy, der das Expertenwissen der Forschenden von Fraunhofer FOKUS und der HTW Berlin in interaktiven Wissensvermittlungsmodulen bündelt und – an verschiedene Zielgruppen angepasst – Trainings und Bildungsbedarfe von Behörden und KMU abdeckt.
Mehrere Teilprojekte der wissenschaftlichen Begleitforschung am Weizenbaum-Institut werden in die Architektur des Erlebnisraumes eingeflochten.
Damit wird eine hohe Dynamik in dem Erlebnisraum geschaffen – und Sicherheitswissen kann permanent reflektiert und erweitert werden.
Durch die konsequente Verbindung von IT-Sicherheitsexpertenwissen, Edutainment, Erfahrbarmachen komplexer und verborgener Prozesse und Visualisieren übergreifender Zusammenhänge zwischen Angriffsvektoren und Abwehrtechnologien glauben wir, für die
vielfältigen Zielgruppen des Erlebnisortes „Lernlabor Cybersicherheit" ein tiefgreifendes Verständnis und daraus resultierend ein nachhaltig sichereres Arbeiten und Überblicken von Gefährdungssituationen aufbauen zu können.

Prof. Dr. André Röhl

Neue Gefahren – neue Aufgaben für die Sicherheitswirtschaft?

„Neue Gefahren – neue Aufgaben für die Sicherheitswirtschaft?" – so lautete der Titel einer Paneldiskussion bei den 18. FORSI Security Days 2018.[1] Und tatsächlich gibt es gewichtige Gründe, sich mit dieser zukunftsorientierten Themenstellung auseinanderzusetzen. Zwar hat sich die Sicherheitswirtschaft in den letzten Jahren enorm entwickelt, Umsätze und Beschäftigtenzahlen sind deutlich gestiegen. Allerdings beruhten diese Zuwächse zu einem nicht geringen Teil auf Sicherheitsdienstleistungen bei Flüchtlingsunterkünften und sind somit eher als Einmaleffekte zu bewerten. Zwar ist die Sicherheitswirtschaft mittlerweile in der politischen und fachlichen Diskussion ein mehr oder weniger unbestrittener Bestandteil der Sicherheitsarchitektur und unterstützt als Kooperationspartner auch Sicherheitsbehörden. Doch wie wirkt es sich aus, wenn die staatlichen Sicherheitsbehörden eine Einstellungsoffensive durchführen? Entfällt dann der Bedarf für eine starke Sicherheitswirtschaft? Oder gibt es neue Aufgabenfelder und nimmt die Sicherheitswirtschaft getrieben durch neue Gefahren weiter an Bedeutung zu?

Im Rahmen der Panel-Diskussion wurde anhand der Ausführungen der Teilnehmer schnell deutlich, dass es bei der Beantwortung dieser Fragestellung nicht ausreichend ist, einfach von neuen Akteuren, Deliktformen oder technologischen Entwicklungen zu sprechen und lineare Zusammenhänge zu neuen Aufgabenbeschreibungen für die Sicherheitswirtschaft herzustellen. Vielmehr wird auch die Sicherheitswirtschaft maßgeblich von den vielfältigen Veränderungsprozessen in Politik und Gesellschaft, Wirtschaft und Wissenschaft beeinflusst, woraus die Notwendigkeit einer umfassenderen Betrachtung der Einflussfaktoren für die künftige Entwicklung der Sicherheitswirtschaft folgt.

Im Folgenden soll daher inspiriert durch die Panel-Diskussion versucht werden, relevante Entwicklungen zu skizzieren, die die künftigen Aufgaben der Sicherheitswirtschaft beeinflussen und sich damit auch auf Fragen der Organisation

---

1 An dem Panel nahmen MdB Prof. Dr. Patrick Sensburg, Gregor Lehnert, Präsident des Bundesverbandes der Sicherheitswirtschaft e. V. (BDSW) und Mario Faßbender, Verfassungsschutz Land Brandenburg, teil. Die Moderation oblag dem Autor. Die folgenden Ausführungen stellen keine Wiedergabe der Panel-Diskussion dar, sondern geben die Meinung des Autors zu der Thematik wieder.

und der Personalentwicklung in der Branche auswirken. Dabei wird zunächst die Rolle von Unternehmen der Sicherheitswirtschaft als Betroffene von Veränderungsprozessen betrachtet. Anschließend werden neue Aufgaben infolge neuer Gefahren und neuer Gefahrenwahrnehmung aber auch aufgrund neuer Rahmenbedingungen und neuer Möglichkeiten diskutiert.

Unternehmen der Sicherheitswirtschaft als Betroffene von Veränderungsprozessen

Ausgangspunkt der folgenden Überlegungen ist zunächst, dass die Unternehmen der Sicherheitswirtschaft[2] von den vielzitierten Megatrends unserer Zeit – z. B. Digitalisierung und Industrie 4.0, Globalisierung, demographische Entwicklung oder Migration – häufig in mehrfacher Hinsicht betroffen sind. Zum einen sind sie Unternehmen, die sich wie die Unternehmen in anderen Branchen auch, mit den jeweiligen Auswirkungen dieser Trends auseinandersetzen und gegebenenfalls mit Anpassungen in Strukturen und Prozessen, Weiterbildung der Mitarbeiter oder Investitionen in Technik reagieren müssen. Zum anderen verändern sich aber natürlich auch die „Kunden" und dadurch die Kundenwünsche und ihre Ansprüche. Die Unternehmen der Sicherheitswirtschaft befinden sich damit in einem Integrationsdilemma – ganz gleich, wie „einfach" die einzelne Dienstleistung scheinen mag oder wie gut die eigene Branche sich in den letzten Jahren entwickelt und in der Sicherheitsarchitektur der Bundesrepublik etabliert hat, wird sie sich in den nächsten Jahren weiter verändern müssen. Dies mag zunächst trivial erscheinen, da Unternehmen schon immer auf Veränderungen in ihrer Umwelt reagieren mussten.

Allerdings wird gemeinhin davon ausgegangen, dass die angesprochenen Megatrends das Potential besitzen, im Gegensatz zu den üblichen kontinuierlichen und kleineren, inkrementellen Veränderungen, sogenannte diskontinuierliche Veränderungen hervorzurufen, die gleichsam als „Game Changer" Abläufe verändern werden. Wie für alle anderen Unternehmen auch, wird es deshalb für Unternehmen der Sicherheitswirtschaft darauf ankommen, die möglichen Auswirkungen dieser Veränderungsprozesse rechtzeitig zu bewerten und mit geeig-

---

2   Der Begriff „Sicherheitswirtschaft" wird in der Literatur unterschiedlich verwendet. Dies betrifft insbesondere die Fragen, ob nur eigenständige Sicherheitsunternehmen oder auch Formen der integrierten Unternehmenssicherheit betrachtet werden und ob Dienstleistungen und Technik für militärische Zwecke einbezogen werden. Im Folgenden wird im Rahmen einer Gesamtbetrachtung ein umfassendes Verständnis des Begriffs zugrunde gelegt.

neten Maßnahmen zu reagieren. Auch wenn die „agile Organisation" für viele Unternehmen nicht das Nonplusultra darstellen dürfte, lohnt es sich doch zumindest, diese Diskussionen im Blick zu behalten. Organisationsentwicklung ist damit eine Aufgabe, der sich alle Unternehmen stellen müssen.

Eine Besonderheit bieten die angesprochenen Megatrends für die Sicherheitswirtschaft dann aber doch. Häufig führen sie dazu, dass sich Sicherheitsbedarfe nicht nur inhaltlich verändern, sondern auch dazu, dass die räumliche Deckungsgleichheit von Sicherheitsbedarfen und nationalstaatlichen Interventionsmöglichkeiten verlorengeht. Daraus entstehen neue Fragen nach Verantwortlichkeiten und Zuständigkeiten. Besonders auffällig sind diese Fragen zunächst in der politischen Diskussion um Veränderungen in Landes- und Bündnisverteidigung, bei Innerer und Äußerer Sicherheit, um nationalstaatliche oder europäische Strukturen. Letztlich betrifft dies aber alle Aufgabenfelder der Sicherheit, mit den kritischen Infrastrukturen einer Gesellschaft als unmittelbarer Schnittstelle.

Veränderung der Aufgaben durch neue Gefahren

Konkrete neue Gefahren für die Kunden und Schutzgüter der Sicherheitswirtschaft – unabhängig davon, ob die Dienstleistung der Abwehr oder Verringerung von Schäden für Einzelpersonen oder Unternehmen, inhouse oder als externe Leistung erfolgt – können im Wesentlichen aus vier Entwicklungen zugeschrieben werden: der Erschließung neuer Märkte, neuen technologischen Entwicklungen, der Formierung neuer Akteure und der Verknüpfung bereits bestehender Risiken.

Neue Gefahren in neuen Märkten

Am offensichtlichsten ist der Aspekt der Erschließung neuer Märkte. Versucht sich ein Unternehmen auf einem neuen Markt zu etablieren, muss es sich auch mit den in diesem Markt relevanten Gefahren auseinandersetzen, woraus dann neue Aufgaben für diejenigen entstehen, die mit der Sicherheit des Unternehmens betraut sind. Ein gutes Beispiel dafür ist das Feld der Business Travel Security bzw. Reisesicherheit verbunden mit zentralisierten Risiko- und Krisenmanagementfunktionen. Die Bedeutung dieser Aufgabe hat in den letzten Jahren stark zugenommen, was als Folge der zunehmenden globalen Ausrichtung deutscher Unternehmen und der wahrgenommenen Unberechenbarkeit von internationalen Entwicklungen interpretiert werden könnte. Das hierbei auch ein verändertes Sicherheitsbewusstsein und veränderte technische Möglichkeiten eine Rolle spielten, wird an anderer Stelle noch zu diskutieren sein.

Neue Gefahren durch neue Technologien

Ähnlich nachvollziehbar sind die Auswirkungen technologischer Entwicklungen. Das beste Beispiel sind die Gefahren der Cyberkriminalität, die der zunehmenden Vernetzung von Wirtschaft und Gesellschaft folgen. Daraus entstehen eine Reihe neuer Aufgabenfelder mit Bezug zu Sicherheitswirtschaft, sei es im Bereich der Abwehr von Wirtschaftskriminalität und Sabotage, des Informationsschutzes bis hin zum Reputationsschutz gegen gesteuerte Fake-News in Sozialen Medien. In einer aktuellen Auswertung von weltweiten Online-Stellenportalen ergab sich, dass die Anzahl der Stellenanzeigen mit Bezug zu Cyberkriminalität die Anzahl der Stellenanzeigen zu „klassischen" Sicherheitsaufgaben deutch übertraf.[3] Daran wird deutlich, wie und in welchem Umfang hier neue Aufgabenfelder entstanden sind. Zugleich erschwert es die definitorische Abgrenzung des Begriffes Sicherheitswirtschaft. Sind etwa IT-Sicherheit und Compliance-Aufgaben als integraler Bestandteil eines Sicherheitsmanagements anzusehen oder sind sie nur Teilmengen von Wirtschaftsinformatik und Business Law? Auch innerhalb der Sicherheitswirtschaft wird es hier zu Verschiebungen kommen.

Neue Gefahren durch neue Akteure

Die neuen Kommunikationsmöglichkeiten begünstigen auch die Entstehung neuer Akteursnetzwerke, deren Handlungen allgemein formuliert vorsätzlich oder beiläufig eine Schädigung der durch die Sicherheitswirtschaft zu schützenden Schutzgüter zur Folgen haben können. Ein weiterer Treiber sind politische Entwicklungen. So könnte hier die Online-Selbstradikalisierung von Terroristen verbunden mit veränderten Zielstrukturen und Handlungsmustern von terroristischen Netzwerken genannt werden. Gerade die Entwicklung dieses Gefährdungspotentials führte zu einer Reihe von Aufgabenveränderungen für Sicherheitsdienstleister, die Aufgaben im Kontext von Großveranstaltungen o. ä. wahrnehmen.

Ein anderes Beispiel sind die Fälle von CEO-Fraud, bei denen Verantwortlichen in Unternehmen durch Kriminelle auf Basis von unternehmensspezifischem Detailwissen, zum Teil mit großem Aufwand fiktive Anweisungen im Zusammenhang mit scheinbar realen Geschäftspartnern, Rechtsanwaltskanzleien usw. vorgegaukelt werden, um sie zur Überweisung eines Geldbetrages in Millionenhöhe

---

3   Vgl. Fleischmann, Röhl, Tamrakar (2018): Stellenforecast Sicherheitsmanagement 2018, http://www.nbs.de/hochschule/forschung/auswahl-aktueller-forschungsprojekte/ stellenforecast-sicherheitsmanagement.html, S. 8.

zu veranlassen. Das Geld wird anschließend über zahlreiche Konten durch zahlreiche Länder geschleust, um den Verbleib zu verschleiern. Fraglich ist, ob die Begehung derartig komplexer Delikte neben Fachwissen, technischen Möglichkeiten und Investitionen zumindest in einigen Fällen, nicht auch eine Billigung, wenn nicht aufgrund der Komplexität der Delikte sogar eine aktive Beteiligung von Staaten voraussetzen müsste.

Die Verquickung von Organisierter Kriminalität und staatlichen Akteuren einschließlich der Förderung der gezielten Schädigung von Unternehmen könnte Teil einer hybriden Strategie sein, mit der staatlich initiiert und gefördert, andere Staaten geschädigt werden sollen. Die Konsequenzen aus einem derartigen Akteursnetzwerk wären erheblich. Jenseits der dadurch für die Planung und Umsetzung einer Unternehmen Schaden zufügenden Handlung zur Verfügung stehenden Ressourcen, stellt sich auf der anderen Seite die Frage nach der Verantwortung für die Abwehr dieser Gefahren. Ist es eine Frage der Äußeren Sicherheit und damit der Sicherheitspolitik oder eine Frage der Inneren Sicherheit oder gar nur ein Problem der Konzernsicherheit? Diese Fragen werden insbesondere für den sogenannten Cyberraum zu klären sein, wo die klassischen Aufgabenverteilungen zwischen Ressorts und Behörden untereinander aber auch zwischen Staat und Sicherheitswirtschaft nicht ausreichen. Die EU reagiert darauf, indem Fragen hybrider Bedrohungen – und damit auch ursprüngliche Themenfelder der Inneren Sicherheit – der Gemeinsamen Außen- und Sicherheitspolitik zugeordnet wurden. Dies wird sich auch in der EU-geförderten Sicherheitsforschung niederschlagen, bei der künftig Aspekte militärischer Sicherheit und Innerer Sicherheit stärker verzahnt werden. Für Hochschulen in Deutschland, die sich der sogenannten Zivilklausel, d. h. der Ablehnung von Forschung, die auch militärischen Zwecken dienen könnte, verschrieben haben, könnte sich daraus ein Nachteil ergeben.

Neue Gefahren durch Verknüpfung bestehender Risiken

Die Vernetzung moderner Gesellschaften in Verbindung mit effizienzgetriebenen Strukturen und Prozessen sowie die Abhängigkeit von Informations- und Kommunikationssystemen bringen es mit sich, dass es eine hohe Anfälligkeit für Störungen gibt, die sich schnell auf das Gesamtsystem auswirken können. Ein lokaler Stromausfall etwa kann die Geschäftstätigkeit eines Unternehmens unterbrechen, ein großflächiger Stromausfall massive Einschränkungen für die Gesellschaft nach sich ziehen, indem etwa Wasserversorgung, Lebensmittelversorgung, Verkehr oder Kommunikation betroffen werden. Die Abhängigkeiten der einzelnen Teilsysteme in Wirtschaft und Gesellschaft haben sich vervielfacht, während sich Redundanzen und Reserven verringert haben. Vor diesem Hintergrund können Ereignisse, die es schon immer gab, deren einzelnes Schadensausmaß aber als relativ gering bewertet werden konnte, Kaskadeneffekte mit deutlich größerem Schadenspotential auslösen. In der Forschung werden hierbei aktuell insbesondere sogenannte Natech-Ereignisse, bei denen Naturphänomene wie Sturm, Regen etc. neben den unmittelbaren Schäden auch Schäden bei kritischen Infrastrukturen hervorrufen, betrachtet.

Für die Sicherheitswirtschaft bedeutet dies, dass Formen des Kontinuitätsmanagements in Unternehmen aber auch in Behörden weiter an Bedeutung gewinnen könnten. Hierbei geht es im Kern nicht darum, ein Schadensereignis zu verhindern, sondern sicherzustellen, dass eine Organisation trotz eines eingetretenen Schadens weiter die eigenen Ziele verfolgen und erreichen kann. Entsprechend bestehen Schnittstellen etwa zum Notfallmanagement oder zum Krisenmanagement.

Auch auf einer übergeordneten staatlichen Ebene könnten neue Aufgaben für Sicherheitsdienstleistungsunternehmen entstehen. Der Bevölkerungsschutz in Deutschland wird im Wesentlichen in unterschiedlichen Organisationen durch das Ehrenamt gestellt und im Bedarfsfall durch Spezialisten oder zusätzliche Ressourcen z. B. der Bundeswehr unterstützt. Während in vielen Regionen Deutschlands die Gewinnung von Nachwuchs für ehrenamtliche Tätigkeiten im Bevölkerungsschutz schwierig ist, wurde der Umfang der Bundeswehr im Zusammenhang mit der Aussetzung der Wehrpflicht deutlich reduziert und ihr eine Fokussierung auf die militärischen Kernaufgaben verordnet. Es stellt sich daher die Frage, wie heute auf Schadensereignisse, deren Bewältigung beispielsweise einen mit dem bei den Fluten an Oder und Elbe eingesetzten Personalansatz verlangen würden, umgegangen werden könnte. Neben dem relativ unsicheren Einsatz von Spontanhelfern könnten entsprechende Konzepte bei allen damit verbundenen planerischen Herausforderungen auch das Potential der Sicherheitsdienstleistungsunternehmen mit deutlich über 200.000 Mitarbeitern in organisierten Strukturen und mit z. T. relevanten Ausbildungen berücksichtigen.

Veränderung der Aufgaben durch eine neue Bewertung von Gefahren

In vielen Unternehmen hat die Bedeutung von Sicherheit auch als Managementaufgabe in den vergangenen Jahren zugenommen. Dies ist im Wesentlichen eine Folge des Wechselspiels von unterschiedlichen Schadensereignissen und folgenden staatlichen Regulierungen, wobei infolge der Vernetzung der Weltwirtschaft häufig auch brancheninterne Standards aus anderen Staaten übernommen wurden. Exemplarisch kann dies am Siegeszug des institutionalisierten Risikomanagements in Unternehmen nachvollzogen werden, welcher sich mittelbar in globalen Standards für Compliance oder Business Continuity Management fortsetzt.

Jenseits der Regulierung ist aber auch ein neues Bewusstsein für Sicherheitsthemen entstanden. Dies ist umso bemerkenswerter, da die „Dienstleistung Sicherheit" in besonderem Maße erklärungsbedürftig ist. Anbieter von Dienstleistungen stehen ohnehin immer vor dem Problem, dass das durch sie angebotene Gut im Wortsinne vor Vertragsabschluss nicht greifbar und der voraussichtliche Erfolg einer Dienstleistung nicht objektiv messbar ist. Typischerweise orientieren sich Kunden daher an eigenen Erfahrungswerten oder Erfahrungen Dritter, um die Notwendigkeit oder den möglichen Vorteil durch eine Dienstleistung einschätzen zu können. Im Gegensatz zu einer klassischen Dienstleistung wie einem Haarschnitt, tritt bei vielen Sicherheitsdienstleistungen aber keine bewertbare Veränderung ein, sondern Inhalt der Dienstleistung ist es gerade, eine Abweichung vom bestehenden Zustand zu vermeiden. Der Kunde geht also bei Beauftragung der der Dienstleistung ein Risiko ein und kann diesem Risiko gleichzeitig nur schwer einen unmittelbaren Vorteil zuordnen.

Erst das Erleben eines Schadens im eigenen Verantwortungsbereich oder bei Dritten führt häufig zu einer Neubewertung von Sicherheitsaufgaben. Die systematische vergangenheitsbezogene Auswertung von Ereignisse im Rahmen eines systematischen Risikomanagementprozesses dürfte ebenso wie die Monetarisierung bestimmter Schadensereignisse im Hinblick auf Unterbrechung von Geschäftsprozessen oder Haftungsauflagen das Verständnis für den Wert einer „Nicht-Abweichung" vom Normalen verbessert haben. Für Sicherheitsverantwortliche kommt es dabei darauf an, z. B. bei Unternehmen als Businesspartner den Geschäftszweck zu unterstützen und ihn nicht durch Auflagen zu unterbinden.

Ein Beispiel für diese Entwicklung ist die bereits angeführte Reisesicherheit. Neben den zahlreichen deutschen Unternehmen, die sich erst in jüngster Vergangenheit verstärkt weltweit ausgerichtet haben, gab es gleichzeitig auch schon immer deutsche Global Player und stark international ausgerichtete Unternehmen. Doch auch diese haben sich häufig in den letzten Jahren noch einmal verstärkt mit dem Thema Reisesicherheit auseinandergesetzt, was auf eine neue Wahrnehmung und eine neue Bewertung bereits bestehender Gefahren zurückzuführen sein könnte.

Veränderte Aufgaben durch neue Rahmenbedingungen

An gleich zwei Stellen beinhaltet der Koalitionsvertrag der aktuellen Großen Koalition politische Zielvereinbarungen, deren Umsetzung die Rolle der Sicherheitswirtschaft beeinflussen könnte. Im Kern geht es dabei aus Sicht der

Sicherheitswirtschaft um die Frage, ob es neue Befugnisse und damit auch neue Aufgaben geben könnte. Anderseits ist es aber auch denkbar, dass durch eine verstärkte Regulierung bestehende Aufgabenfelder sogar eingeschränkt werden könnten. Immerhin wurden in der öffentlichen Diskussion der vergangenen Jahre häufig auch Gefahren durch Sicherheitsdienstleister thematisiert.

Die Zielformulierung mit dem größten Veränderungspotential ist die im Koalitionsvertrag enthaltene Absichtserklärung, erstmalig in Deutschland ein Gesetz für das private Sicherheitsgewerbe bzw. private Sicherheitsbetriebe zu verabschieden, während bisher die Regulierung mit Ausnahme von Spezialthemen wie dem Waffengesetz hauptsächlich auf Verordnungsebene stattfindet. Durch die beabsichtigte „Neuordnung der Regelungen"[4] erhofft sich die Mehrheit der in der Sicherheitswirtschaft aktiven Unternehmen unter anderem einen Wechsel der Regelungsverantwortung innerhalb der Ressortzuständigkeiten vom Wirtschaftsministerium zum Innenministerium. Damit verbunden ist die Hoffnung, die vielfach angesprochene Integration in die Sicherheitsarchitektur zu stärken und damit gegebenenfalls auch neue Aufgabenfelder zu erschließen. Auch der Hinweis auf „Sicherheitsstandards"[5] wird in diesem Sinne positiv verstanden, ist es doch seit langem ein Anliegen der Unternehmensverbände, über die Umsetzung von Standards Qualitätsanforderungen umzusetzen, „Spreu von Weizen" dadurch zu trennen und den Ruf der Branche insgesamt zu verbessern.

Welchen Einfluss die rechtlichen Rahmenbedingungen zum Verhältnis zwischen behördlicher und privater Sicherheit auf die Entwicklung der Sicherheitswirtschaft möglicherweise haben könnten, wird in der bereits angesprochenen Analyse von weltweiten Stellenanzeigen deutlich. In allen betrachteten Kategorien von Stellenangeboten mit Bezug zu Sicherheitsaufgaben übertrafen die Vereinigten Staaten hinsichtlich der Gesamtzahl der Stellenanzeigen alle anderen Staaten. In Relation zur Gesamteinwohnerzahl war die Anzahl der Stellenanzeigen abgesehen von zwei anderen Ausreißern in zwei Einzelkategorien immer noch deutlich höher als in anderen Ländern. Ein anderes Bild ergab sich dagegen in Relation zum Bruttoinlandsprodukt. Hier fanden sich die Vereinigten Staaten eher im Mittelfeld wieder. Ein Blick auf die Herausgeber der Stellenanzeigen zeigt, dass sich hier vor allem Sicherheitsdienstleister finden, die explizit für Behörden

---

4   Bundesregierung (2018): Ein neuer Aufbruch für Europa, Eine neue Dynamik für Deutschland, Ein neuer Zusammenhalt für unser Land, Koalitionsvertrag zwischen CDU, CSU und SPD, 19. Legislaturperiode, https://www.bundesregierung.de/Content/ DE/_Anlagen/2018/03/2018-03-14-koalitionsvertrag.pdf;jsessionid=3E7766980006A F3C6792CDB587E9CCD7.s2t1?__blob=publicationFile&v=5, RdNr. 5858.
5   Ebenda, RdNr. 5859.

tätig sind. Daraus könnte die Schlussfolgerung gezogen werden, dass die hohe Anzahl von Stellenanzeigen in den Vereinigten Staaten (nicht ausschließlich) auf die Wirtschaftskraft und die Dichte von Regulierungen in der Wirtschaft, sondern eben auch auf die spezifische Aufgabenverteilung zwischen behördlichen und privaten Akteuren im Themenfeld der Sicherheit zurückzuführen sei.[6]

Die zweite Zielformulierung mit Bezug zur Sicherheitswirtschaft bezieht sich auf das Vorhaben, die Verfolgung und Ahndung von Wirtschaftskriminalität in Unternehmen zu verbessern. Dabei sollen einerseits die Sanktionierungsmöglichkeiten gegen Unternehmen im Sinne einer Organhaftung verstärkt und zugleich die Maßnahmen interner Ermittlungen seitens der Unternehmen verbindlich geregelt werden.[7]

Aus den höheren Sanktionen ergibt sich ein verstärktes Interesse der Unternehmen, dolose Handlungen im Unternehmen zu verhindern bzw. verlässlich und früh zu erkennen, woraus sich ein verstärktes Interesse an relevanten Angeboten der Sicherheitswirtschaft ergeben könnte. Zugleich wird dadurch auch noch einmal die gestiegene Verantwortung der Unternehmen unterstrichen, kriminelles Verhalten in Zusammenarbeit mit den staatlichen Behörden zu unterbinden und zu verfolgen – insbesondere in den Bereichen, in denen staatliche Akteure mangels Spezialisierung oder räumlicher Zuständigkeit nur eingeschränkt agieren können.

Veränderte Aufgaben durch neue Möglichkeiten

Rund 76 % aller weltweit eingetragenen Patentanmeldungen mit ausschließlichem Bezug zum Thema Sicherheit wurden nach dem Jahr 2000 angemeldet. Während die Zahl der jährlichen Anmeldungen zwischen dem Jahr 2000 und dem Jahr 2013 allmählich von 1000 Anmeldungen pro Jahr auf 2000 Anmeldungen pro Jahr anstieg, fand in den Jahren von 2013 bis 2017 ein Anstieg auf 5000 angemeldete Patente pro Jahr statt. Dies ergab eine Auswertung der führenden globalen Patentdatenbanken.[8]

Diese Entwicklung findet sich in ähnlicher Form auch in anderen Branchen wieder und verdeutlicht eindrücklich die Veränderungen, die hinter den Begriffen „Digitalisierung" und „Industrie 4.0" stehen. Selbst wenn davon auszugehen ist,

---

6   Vgl. Fleischmann, Röhl, Tamrakar (2018): Stellenforecast Sicherheitsmanagement 2018, a. a. O., S. 9 ff.

7   Vgl. Bundesregierung (2018): Ein neuer Aufbruch für Europa …, a. a. O., RdNr. 5811 ff.

8   Vgl. Fleischmann, Röhl, Tamrakar (2018): Stellenforecast Sicherheitsmanagement 2018, a. a. O., S. 15.

dass nicht alle angemeldeten Patente sich tatsächlich am Markt durchsetzen, so entsteht doch durch die Menge der Patente an sich ein erheblicher Innovationsdruck für die Sicherheitswirtschaft. Es gibt mehr Möglichkeiten für den Einsatz von Sicherheitstechnik und die Erstellung integrierter Sicherheitskonzepte. Dies ist eine Chance für die Sicherheitswirtschaft, noch besser auf Kundenwünsche reagieren zu können und dabei eigene Prozesse effizienter zu gestalten. Zwangsläufig ergeben sich dabei auch neue Aufgaben, die erst mithilfe dieser neuen technischen Lösungen ausgeführt werden können.

Ein Beispiel hierfür ist der Einsatz von unbemannten Luftfahrtsystemen. Diese ermöglichen nicht nur neue Formen der räumlichen Überwachung, sondern durch den Einsatz verschiedener Sensoren neue Formen der Informationsgewinnung, welche die Voraussetzung sein können für neue Möglichkeiten der Dokumentation und Datenanalyse. Stationäre System können entfallen, mobile Systeme räumlich und zeitlich gezielt eingesetzt werden. Es geht damit eben nicht nur um den Einsatz eines zusätzlichen „Werkzeuges", sondern um die Anpassung von Konzepten sowohl in Projekten als auch in Unternehmen.

Hieraus ergibt sich wiederum eine Herausforderung für die Sicherheitswirtschaft. Bisherige Untersuchungen zur Einführung digitalisierter Prozesse zeigen, dass sie nicht zwangsläufig Fehlerhäufigkeit und Bearbeitungsdauer reduzieren.[9] Vielmehr kommt es darauf an, geeignete Prozesse und Strukturen zu etablieren, Führungskultur anzupassen und Mitarbeiter durch Entwicklung von Kompetenzen zu befähigen. Das Gleiche gilt auch für den Einsatz der unbemannten Luftfahrsysteme. Zur Berücksichtigung rechtlicher und logistischer Anforderungen kommen die Gestaltung der Auswertungs- und Dokumentationsprozesse und vor allem die Befähigung der Steuerer, die aus der Entfernung auf Grundlage ausgewählter Informationen die richtigen Entscheidungen treffen müssen.

Eine weitere Herausforderung ergibt sich, wenn die räumliche Verteilung der Patentanmeldungen betrachtet wird. Zwar liegt Deutschland hier hinter den Vereinigten Staaten und Südkorea noch auf Platz 3, die enormen Steigerungsraten der letzten Jahre in China lassen aber befürchten, dass Deutschland zusammen mit den europäischen Partnern in naher Zukunft keine Spitzenplätze mehr belegen wird.[10] Notwendig erscheint hier eine Intensivierung der Forschungsaktivitäten auch und gerade unter Beteiligung der Sicherheitswirtschaft. Nicht nur die Anwendung neuer Technik, sondern auch deren Entwicklung sollte stärker im Fokus stehen.

---

9   Vgl. Verbundprojekt KODIMA: Kompetenzen von Mitarbeitern/innen in der digitalisierten Arbeitswelt, http://projekt-kodima.de.
10   Vgl. Fleischmann, Röhl, Tamrakar (2018): Stellenforecast Sicherheitsmanagement 2018, a. a. O., S. 16.

Fazit

Das Aufgabenprofil der Sicherheitswirtschaft wird sich erweitern und verändern. Neue Gefahren, die Neubewertung von bekannten Gefahren, neue Rahmenbedingungen und neue Möglichkeiten aber auch die gesamtwirtschaftlichen Veränderungen werden die Aufgaben der Zukunft bestimmen.

Ob diese Aufgaben aber nicht nur neu sind, sondern in Wertigkeit und Umfang dem heutigen Stand entsprechen oder über ihn hinausgehen, hängt maßgeblich von den rechtlichen Rahmensetzungen ab. Der Bedarf an einer stärkeren Rolle der Sicherheitswirtschaft scheint gegeben. Dagegen spricht auch nicht eine stärkere Rolle der Sicherheitsbehörden. Einerseits ist der Bedarf stark gewachsen, andererseits bezieht sich der Bedarf insbesondere bei Unternehmen auf Themenfelder, die nicht oder nur eingeschränkt durch Behörden adressiert werden können. Erst eine von beiden Seiten gelebte Zusammenarbeit zwischen Akteuren der behördlichen und privaten Sicherheit kann an den notwendigen Schnittstellen zum Erfolg führen.

Die Entwicklung wird aber nicht nur von der Aufgabenverteilung zwischen staatlichen und privatwirtschaftlichen Akteuren abhängen. Sie wird auch beeinflusst durch den Umgang der Unternehmen mit den neuen technischen Möglichkeiten und die Fähigkeit mit den Veränderungsprozessen umzugehen. Dies betrifft insbesondere auch stetige Förderung der Mitarbeiter durch Aus- und Weiterbildung. Gerade angesichts der Erklärungsbedürftigkeit neuer Angebote ist eine umfassende Kompetenzentwicklung der Mitarbeiter erforderlich.

Auf dieser Grundlage verlieren dann auch die neuen Gefahren ihren Schrecken. Eine technisch wie organisatorisch und personell gut aufgestellte Sicherheitswirtschaft wird in der Lage sein, die notwendigen Konzepte zu entwickeln, um ihnen auf einer rechtlich fundierten Grundlage wirksam zu begegnen.

Bernd Weiler

Securitas Holding GmbH, Leiter Kommunikation & Marketing

Digitalisierung in der Sicherheitsbranche

Gäbe es eine Rangliste der Modewörter, Digitalisierung wäre ganz vorn mit dabei. Kaum eine Industrie, kaum ein Beruf kommt daran vorbei. Der digitale Wachdienst oder der digitale Jura-Professor; Digitales auf dem Bauernhof oder in der Sicherheitswirtschaft? Echt jetzt? Ja! Echt!

Auch wenn der häufige Gebrauch die Gefahr der Gewöhnung mit sich bringt, ist die Bedeutung der Digitalisierung nicht zu unterschätzen. Das gilt auch für die Sicherheitswirtschaft. Im Informationszeitalter Daten sammeln oder den Zugang zu akkuraten Daten sichern, aus ihnen lesen, lernen und damit in die Zukunft deuten zu können – das wird in Zukunft ein existenzieller Produktionsfaktor sein.

Gewiss ist das Thema „Digitalisierung" nicht „brandneu", die Dynamik und Breite dieser Entwicklung lassen inzwischen jedoch ein gewaltiges Potential erkennen. Und doch dürfen wir – gerade in der Sicherheitswirtschaft – nicht verlernen, uns auch weiterhin in der analogen Welt, also fast in der Steinzeit, zurechtzufinden. Denn was tun wir, wie schützen wir, wenn im Krisenfall einmal für längere Zeit der Strom, das Internet, die Datenbank ausfällt? Der CEO von Securitas Deutschland, Manfred Buhl, hat schon vor drei Jahren in einem Fachbeitrag in der Zeitschrift „Protector" die Vorteile der Digitalisierung und mit ihr anfallender Big Data für die Sicherheitswirtschaft umfassend beschrieben. Seitdem hat die Digitalisierung weiter an Innovationskraft gewonnen und auch reichlich an medialer Aufmerksamkeit bekommen. In den vergangenen Jahren bedeutete dies für Securitas nicht nur Investitionen in Personal und Equipment, sondern auch eine Beeinflussung der Konzernstrategie und ihrer Ziele. Unsere „Vision2020" ist vor allem von technischen Sicherheitslösungen inspiriert, deren Potential und Wettbewerbsfähigkeit durch den technischen Fortschritt und die Digitalisierung erhöht wird. Ausführlicher ist dies, auch an speziellen Beispielen, in unserem Securitas Jahrbuch 2018, „Themen der Sicherheit" nachzulesen, natürlich in Online- und Print-Version, in dem wir Verbesserungen der Infrastruktur und neue Geschäftsmodelle vorgestellt haben, die die digitale Transformation der Sicherheitsbranche ermöglichen, und in dem wir auf die Bedeutung der Datensicherheit in Zeiten des digitalen Wandels hingewiesen haben.

Digitalisierung ist also Pflicht, Teil der Unternehmensstrategie, vorgegeben von der Konzernzentrale, die natürlich auch den Fortschritt in diesem Thema überwacht: So hat auch die Digitalisierung ihr Controlling. Und das ist gut so, nicht nur um die Einhaltung eines Zeitplans und die Überwindung von Meilensteinen zu überwachen, sondern auch, um die Kosten im Griff zu behalten. Computer und Datentransfers mögen zwar billiger und leistungsfähiger geworden sein, gute IT-Lösungen, IT-Systeme oder gute IT-Experten aber nicht. Seit 2017 werden neue und verlängerte Kundenverträge bei Securitas Deutschland in digitaler Form erfasst und verwaltet. Derzeit wird auch das Reporting gegenüber Bestandskunden digital umgesetzt. Das ermöglicht uns, die Leistungen zu visualisieren und im Reporting für den Kunden einen Mehrwert zu erzeugen. Securitas führt ein elektronisches Tool „Vision" mit einer unternehmenseigenen Software-Lösung und der Managementplattform „Vivion" ein. Über das Endgerät „Vision-PDA" erfassen unsere Einsatzkräfte vor Ort oder auf Streifenfahrten und bei Interventionen Objektdaten und Ereignismeldungen. Mit diesem Software-System können wir Tourenpläne erstellen und Sicherheitsrundgänge quittieren, Dienstanweisungen und Checklisten hinterlegen oder im Empfangsdienst Besucherausweise ausstellen. Mit der Interventionsfunktion lassen sich über 90 Prozent der Alarme automatisiert an die mobilen Streifen übertragen. Wir können damit auf Alarme schnell reagieren, unser Securitas Operation Center (SOC), unsere Notruf- und Service-Leitstelle, von Kommunikationsvorgängen und Zettelwirtschaft entlasten. Damit steigen Qualität und Effizienz unserer Arbeit. Und oft nimmt damit auch die Zufriedenheit unserer Kolleginnen und Kollegen im Einsatz zu, denn die „digitale Unterstützung" befreit sie von lästig empfundener Routine oder Bürokratie. Sie können sich also aufs Wesentliche konzentrieren: Schützen, die Augen aufhalten, wachsam sein.

Die Digitalisierung ermöglicht uns auch, neue Geschäftsmodelle anzubieten und damit für Bestandskunden einen weiteren Mehrwert zu erzeugen sowie neue Kunden zu gewinnen. Ein solches Geschäftsmodell ist die Digitalisierung von Dokumenten und Belegen, für die wir durch unseren Geschäftsbereich Document Solutions die Dokumentenverwaltung übernehmen. Damit können wir die Datensicherheitsanforderungen rechtskonform umsetzen und diese Umsetzung nachvollziehbar protokollieren. Für die Sicherheit der uns überlassenen Datenträger haben wir speziell zertifizierte Sicherungsräume in unseren Archiven implementiert. Ein weiteres Geschäftsmodell, das uns die umfassende Digitalisierung aller Berichte über unsere Tätigkeiten, sicherheitsrelevanten Wahrnehmungen und aller Alarme ermöglicht, sind sogenannte

Predictive Services. Durch die Analyse der digitalisierten Big Data können wir unseren Kunden Erkenntnisse über sich verändernde Sicherheitslagen und Bedrohungswahrscheinlichkeiten vermitteln. Dies setzt allerdings eine Aufrüstung der NSL (SOC) und spezifische Schulungen der Analysten voraus. Ein anderes neues Geschäftsmodell wird durch digitale Analyse aller Daten ermöglicht, die bei der Fahrscheinüberprüfung und dem an sie anschließenden Forderungsmanagement in einem ÖPNV-System anfallen. So wird die durch Securitas im ÖPV Frankfurt a. M. durchgeführte Fahrscheinprüfung durch das UFHO-Hintergrundsystem der Analytical Marketing Consulting GmbH Amcom unterstützt, das die Ermittlung diverser Kennzahlen für effektive Fahrscheinkontrollen und das Reporting an den Auftraggeber ermöglicht. Aus den Daten lassen sich Muster ablesen, die zeigen, zu welchen Zeiten und auf welchen Strecken die meisten Passagiere ohne gültigen Fahrausweis unterwegs sind. Daran kann die Einsatzplanung ausgerichtet und die Effizienz des Fahrscheinüberprüfungs-Systems merklich erhöht werden.

Securitas wird den Weg der Digitalisierung, der Nutzung künstlicher Intelligenz und umfassender, rechtskonformer Nutzung von Big Data zu Predictive Services konsequent weitergehen. Eines unserer Ziele innerhalb der Zukunftsplanung Vision2020 ist die Entwicklung eines Data Warehouse, eines Wissens-Netzwerkknotens (Hub), in dem Securitas digitale Daten aus allen verfügbaren Quellen generiert. Wir werden die intelligente Analyse von Video-Informationen auch zur Analyse und Optimierung von Geschäftsprozessen unserer Kunden nutzen können. Auch werden wir künftig eigene Innovationen, Konzepte aus bestimmten Konzernbereichen, auf einer Online-Plattform als „Securitas Future Lab" nicht nur unseren Kunden, sondern auch Partner aus der Branche anbieten können. Beispiel dafür sind schon heute online auf unserer Webseite zu studieren: auf https://securitasfuturelab.com/. Im Securitas Future Lab können die Grundlagen intelligenter Videoanalyse ausgebaut sowie der Einsatz von Robotertechnik oder künstlicher Intelligenz (KI) getestet werden. Außerdem ist geplant, eine globale Corporate Cloud zu entwickeln und dort konzernweit unter Berücksichtigung des nationalen und des europäischen Datenschutzrechts Daten zu verwalten. Weitere Ideen zielen auf eine konzernweite gemeinsame Integrationsarchitektur mit einer entsprechenden Lösungs-Toolbox und ein gemeinsames Datenmodell, das die Grundlage für Prognosen und Automatisierung bilden kann. Mit einem speziellen Konzernprogramm (NEXT) soll eine digitale Marke für Securitas entwickelt werden; dieses Programm soll auch Kundenerfahrungen digitalisieren und die Möglichkeiten einer Vorhersage der Wahrscheinlichkeit von Schadensereignissen unterstützen.

Natürlich hilft die Digitalisierung auch intern effizienter zu werden. Unsere Personalakten erfassen wir schon längst elektronisch. Arbeitsabläufe und Qualitätsprüfungen sind – zumindest teilweise – ebenfalls elektronisch zu erfassen und abzuarbeiten. Wann ist für einen Mitarbeiter eine weitere Qualifikation nötig, bis wann müsste er die alte wieder auffrischen, wann brauchen wir als Arbeitgeber ein neues polizeiliches Führungszeugnis? Hinzu kommen natürlich auch Impulse von außerhalb unserer Branche, die uns – etwas zeitverzögert – stark beeinflussen werden. Zum Beispiel in unserem Segment Securitas Aviation: Wie werden die Gepäckprüfanlagen der Zukunft aussehen? Welches Know-how wird benötigt, in Zukunft diese Geräte zu bedienen? Müssen wir dazu zusätzliche Ausbildungskurse anbieten – und falls ja, ab wann und für wieviel Personal? Natürlich ergeben sich ähnliche Fragen für all unsere Bereiche und Segmente. Es ist wohl keine Frage mehr, sondern eher eine logische Konsequenz der Digitalisierung und dem zunehmenden Einsatz von technisch unterstützten Sicherheitslösungen. Ausbildung und Qualifikation der Mitarbeiterinnen und Mitarbeiter müssen mit dieser Entwicklung mithalten. Zum Mindestlohn wird dies in Zukunft sicher nicht gehen. Das müssen auch die Auftraggeber verstehen, denn sonst liefen sie Gefahr, sich bald auf unsicheres Terrain zu begeben.

Ohne den „Faktor Mensch" wird die Sicherheitsbranche auch in Zukunft nicht auskommen. Wichtig ist eine effiziente Kombination von Mensch und Technik. Die Entwicklung zeigt aber enorme Chancen auf. In den meisten Fällen, und das wird viele kostensensible Auftraggeber erfreuen, ist es freilich möglich, durch den Einsatz von Technik, die Kosten zu senken oder zumindest stabil zu halten und gleichzeitig das Sicherheitsniveau zu heben. Wer auf reine Personalstunden ohne Technik und Digitalisierung setzt, wird hingegen steigende Kosten bei fallendem Sicherheitsniveau erleben, wenn er nicht umschwenkt, auf mehr Qualität. Das heißt: auf Dienstleister mit gut ausgebildetem Personal, mit moderner Technik, mit digitalem Datenbestand und der Fähigkeit, das vorhandene Datenmaterial professionell zu analysieren.

Insgesamt entwickeln wir – und unsere Zentrale in Stockholm – den Securitas-Konzern auf Grund der durch Big Data eröffneten Möglichkeiten zu einem innovationsstarken Unternehmen mit „Securitas Intelligent Services". Die Chancen der Digitalisierung richtig und konsequent zu nutzen, wird für die Sicherheitswirtschaft ein entscheidender Treiber und Wettbewerbsfaktor.

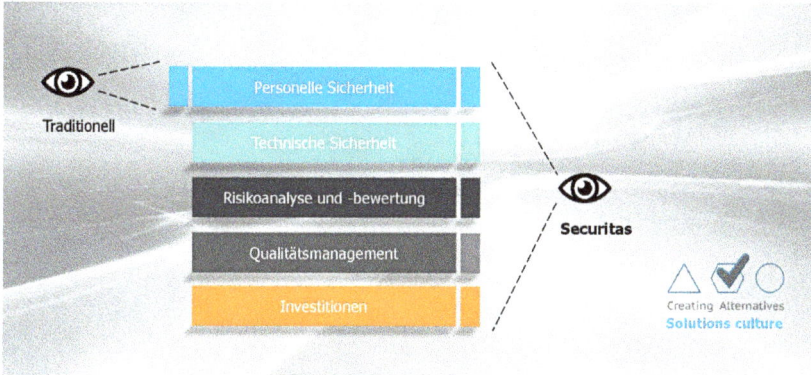

SECURITAS DEUTSCHLAND

Paradigmenwechsel
Vom 'Mann-Stunden-Denken' zur Lösungskultur

SECURITAS

Traditionell

Personelle Sicherheit

Technische Sicherheit

Risikoanalyse und -bewertung

Qualitätsmanagement

Investitionen

Securitas

Creating Alternatives
Solutions culture

Professor Mark Button

University of Portsmouth, UK.

The Privatisation of Policing in the UK

Introduction

The United Kingdom has experienced some of the most extensive and contentious privatisation of the police in the world. This chapter will explore the extent of this privatisation using the categories of privatisation developed by Johnston (1992) and adapted by Button (2002 and forthcoming). These include: load shedding, load resistance, contracting out, franchising and embracing private sector practices. Before these are considered, however, the concept of privatisation in general and then in application to the police will be considered.

Privatisation

What constitutes privatisation is the subject of much academic and political debate. It can vary from very wide definitions of the shrinking of the state to the more precise of replacing public sector workers with private sector workers (Donahue, 1989). The underlying theme, however, is the reduction in the role of the state and an *a priori* belief that the private sector is more efficient and effective at providing goods and services (Atkinson, 1990). Butler (1991) has identified a range of privatisation policies starting with the most complete, the sale of state assets to the private sector. There is also deregulation where the regulatory burden on industries is reduced or removed, which may as a consequence lead to greater private sector involvement. Third, there is the situation where public authorities contract out to the private sector functions they previously provided. Finally there is the case where the government gives recipients of their services vouchers to shop around for the best service. Privatisation could even involve the removal or reduction of subsidies or the provision of tax incentives (Johnston, 1991). Where privatisation has not been possible in the public sector attempts have been made at introducing the market and private sector practices. This has led to the rise of what has become known as the 'New Public Management' (NPM) or 'Managerialism' (Flynn, 1997). It is also important to note that privatisation does not always mean an increasing role for private companies vis-à-vis the state. There are other 'private' organisations also involved, such as, charities, voluntary organisations, consumer groups etc (Johnston, 1991).

Privatising the police

In applying the policy of privatisation to the police a range of different policies have been pursued in different countries (Chaiken and Chaiken, 1987, Johnston 1992a, and Forst and Manning 1999). They range from the complete replacement of police departments with private security staff (O'Leary, 1994), to hiring out officers to private organisations, to the charging of fees for services provided (Johnston, 1992).

In a major study of how public policing could be privately provided in the USA, Chaiken and Chaiken (1987) identified four mechanisms. The first they called 'Default Transfer', where the public police are unable for various reasons to meet public demands so the private sector steps in to fill the gap. The second they called 'Accommodation and Cooperation', where the police informally allow private security personnel to carry out tasks they do not wish to do, in return for which they provide additional services. In an example of this policy they illustrate how the policing of the homeless in bus and train stations in some locations has been handed over to the security staff who police them. In return if they are required to deal with an incident at a station the police will respond immediately. The third type of privatisation they termed 'Legislation', where private security personnel have been given specific roles and powers in statute. For instance in some US states retail security staff have been given special powers of arrest and prosecution meaning the public police do not have to become as involved. Finally they identified 'Contracts', where government and police have contracted with the police to carry out specific tasks. The main criticism that can be levelled against Chaiken and Chaiken's classification is that it does not embrace all the policies of privatisation that have been applied to the police. For instance as Johnston's classification reveals, it does not illustrate how the public police have embraced more commercial practices such as sponsorship and charging fees.

Johnston (1992) has classified the privatisation of policing in three forms. First there is direct and indirect 'Load Shedding'. This is where the police relinquish roles directly to the private sector, or where the private sector usurps the public police because they are unable to provide the service the public want. Second there is 'Contracting Out', where government or police contract with a private organisation to undertake a function for which they remain in ultimate control. Finally Johnston identifies 'Charging Fees and Selling Services', where the public police have begun increasingly to act in a commercial manner by undertaking these functions. Johnston's classification can be strengthened by including within load shedding, Chaiken and Chaiken's example of 'Accommodation and Cooperation', which is not included. Second by refining Johnston's final category to include 'embracing private sector practices' the broader range of private sector strategies increasingly used by the public police can also be assessed. This paper will use Johnston's amended tri-chotomy to evaluate the experience of privatisation to the public police in the UK.

Load shedding

This is where the funding mechanism and the delivery of the service is moved from the public to the private sector. It can happen directly where the police abandon certain functions or indirectly, where because of constraints on resources they are unable to supply a service that is wanted and the private sector steps in to fill the gap. This area of privatisation is often neglected in the literature, with a tendency to focus upon the contracting out and the embracing of private sector practices. Since the financial crisis in 2008 there have been significant reductions in the resources available for the public police. From 2010 the police budget from the Home Office was cut by 20 percent over four years, which had significant implications for most police forces (forces vary to the extent they rely on Home Office funding) (White, 2014). In 2010 there were 171,600 police officers, which by 2017 had fallen to 150,000 a 12.4 % reduction. However, the noughties under the Labour government had seen a rise of officers from 155,000 in 2003, which would mean only a 3.3 percent reduction if that year is used for comparison (House of Commons Library, 2017). Nevertheless the 2002 Police Act had also introduced the frontline uniformed supporting role of Police Community Support Officers (PCSO). In 2010 these had peaked at 16,918 officers in England and Wales and by 2017 had also fallen substantially to 10,213, an 8 percent fall. Police civilian support staff had also fallen by 18.8 percent to 61,063 in 2017 from 2007 (House of Commons Library, 2017). The consequences of the financial crisis has meant from 2010 to 2017 there has been a reduction of police officers and PCSOs of over 28,000. These have led to substantial pressures on the public police, which have led to further load shedding. Before some of the more recent load shedding is considered, it would be useful to put it in a more historical context.

Over the last 70 years the history of the British police has been of incremental load shedding. The police no longer check properties' doors are locked and rou-tinely escort cash-in-transit (CIT) vehicles which they once did amongst many other functions (Clayton, 1967). There are other areas of policing where load shedding has been prominent. Public order policing is a significant area where the police have sought to reduce their role. At football matches up to the late 1980s it was common for numerous police officers to be deployed within the grounds to undertake safety and public order policing functions. As a consequence of the Hillsborough disaster there were a number of reports into the safety and secu-rity strategies at football matches, the most important of which was the 'Taylor

Report' published in 1990. Following the publication of this report football clubs agreed to undertake a greater role in safety with the police concentrating on crime, public order and emergency management. As a consequence police presence at most routine matches has declined significantly and been replaced by stewards and safety officers. Indeed there are some Premiership football matches that take place with no police officers within the ground. To illustrate this change, in 1989 Nottingham Forrest would typically have 150 police officers supported by 75 stewards in the ground. In 1995 this had fallen to typically 250 stewards and 22 police officers in the ground (Frosdick and Sidney, 1997).

A further area where the police have effectively shed their role is the investigation of many types of fraud. During the 1950s and 1960s if an organisation suffered a fraud internally it would be common for the police to undertake the investigation. In a government investigation into the policing, prevention and punishment of fraud the following letter was published, detailing a response from a chief constable to a bank which had suffered a £100,000 staff fraud:

> The investigation of fraud is extremely expensive in terms of hours spent obtaining statements and preparing a prosecution case. The Constabulary is required under the Crime and Disorder Act to produce a crime reduction strategy. Our strategy identifies priority areas and police resources are directed to those priority areas. Fraud is not one of them (Fraud Review Team, 2006, p 69).

There have been several other studies since which have highlighted the difficulties of particularly organisations securing the police to conduct fraud investigations (Button et al, 2015). Attrition is well known as a problem in the criminal justice system, but the number of frauds not investigated was revealed by Freedom of Information requests made by the media Fivelive to the police. They found for 2015–16 of 68,552 crimes referred to the police in England and Wales by the National Fraud Intelligence Bureau (which would be cases believed to be possible to pursue to an outcome) only 10,099 resulted in a judicial outcome and a further 29,595 resulted in non-judicial outcomes. There are therefore a large number of crimes where there is no outcome and while some of these will be cases where it has not been possible to achieve a success, many will be cases which have simply not been touched by the police because they simply do not have the resources to pursue them. If one then considers the many frauds not reported and those that are reported but which are not referred by the NFIB the scale of non-police involvement in fraud cases begins to be clear.

The reality for most frauds against organisations of a certain size is that the police will require *prima facie* evidence before they become involved. This will involve the organisation conducting an investigation to either secure enough interest for the police to take an interest or in reality for the investigation to be completed and then handed to the police for them to hand over to the Crown Prosecution Service (CPS). Organisations have to therefore have their own capacity to conduct investigations or more likely turn to commercial providers to do it, either private investigators or broader consultancy businesses such as KPMG and EY (Button et al, 2015). The police have also been pleased not to have to investigate some frauds, which could be labour intensive, but pick up the benefits of a successful investigation by the private sector.

It is not just fraud where the police are withdrawing from investigations. In 2015 Sara Thornton the new head of the National Police Chiefs Council caused controversy when she publicly stated the police may not attend burglaries (BBC News, 2015). It was revealed in October 2017 that the Metropolitan Police Service in-order to save £400 million would no longer conduct 'low level investigations' in a variety of areas which included: burglaries, thefts and assaults. The Deputy Assistant Commissioner, Mark Simmons, was quoted as saying in the report:

> With the pressure on our resources, it is not practical for our officers to spend a considerable amount of time looking into something where, for example, the value of damage or the item stolen is under £50, or the victim is not willing to support a prosecution. We need our officers to be focused on serious crime and cases where there is a realistic chance that we will be able to solve it. We also want them to be available to respond to emergencies and go to those members of the public that need our help the most (The Guardian, 2017).

In the same year the Manchester Evening News based upon FOI requests to its own force found Greater Manchester Police 'screened out' 45 percent of all crimes including: 70 percent of bicycle thefts, 76 percent of street theft and pickpocketing and a third of all public order offences (Manchester Evening News, 2017). The reality is many of the low level crimes have been a low priority for the police with lots not investigated for a long time. The significant difference in the period after 2010 has been the expansion of non-investigation and the greater openness by the police that they will no longer investigate them.

The patrol of public streets is another area where this process has been undergoing, but in a more hidden way. The police have not withdrawn from patrolling public streets, but their decline in numbers – particularly PCSOs who have this as their main role, has meant that there is a thinner police presence on the streets. Indeed the ONS regularly asks questions in the Crime Survey of England and Wales on how often people see uniformed police/PCSO. Since 2010–11 when the decline in police numbers began the percentage reporting seeing a high visibility police officer/PCSO has declined from 39 percent to 32 percent in 2013–14 (ONS, 2015). Many people might not even notice this, but some will. This contributes to a greater demand for alternative forms of patrol.

Another area of load shedding by the public police has been the response to intruder alarms. Traditionally the police would respond to any alarm activation. However, with the huge growth in the use of intruder alarms accompanied by a significant increase in false alarms and consequent drain on police resources, the police have sought to limit their response. In 1995 the Association of Chief Police Officers (ACPO) published a policy on intruder alarms with conditions for police response. Those intruder alarms that did not meet the conditions of the policy or because of repeated failure were to struck off and would no longer receive an automatic response from the police unless there was some additional factor, such as an eye witness report (Cahalane, 2001). This policy and the subsequent policies have marked a gradual decline in this role undertaken by the police. Police will now only respond to intruder alarms/security systems fitted by approved installers (National Security Inspectorate or Security Systems Alarm Inspection Board approved installers), which are subject to annual maintenance and have paid the police for a Unique Reference Number (£43.49 plus VAT per year) (National Police Chiefs Council, 2015). The gap offered by the police withdrawal has enabled the private security industry to step in and offer this response service for a fee.

The consequences of load shedding: direct and indirect are not as unambiguous as contracting out in most cases. Failure to investigate certain crimes might lead to some victims with no case that results in an outcome, but for some victims with resources they may turn to other means, such as private investigator or investigate themselves. Many victims observing the decline in police capacity may simply not even bother to report to the police and use alternative means. The lack of police patrol on the streets in general might lead some persons to pay for a private security company to patrol their streets when there might not be any reduction at all. Many researchers and political actors focusing upon police privatisation focus predominantly upon the more direct areas of privatisation under contracting out and embracing private sector practices (White, 2014 and 2015). Some of the back door incremental privatisation as a consequence of load shedding – particularly in investigation – is far more significant, yet rarely debated. By contrast potential direct contracting out of investigations to private providers often secures public outrage from certain quarters.

New load avoidance

A new dimension to privatisation developed for this book is 'new load avoidance'. This looks a new areas that have emerged over the 20 years where policing is required, but where the police have not had the resources and expertise to contribute policing, leaving a gap for other sectors to fill. The most significant example of this has been the substantial increase in cyber-related crime and fraud. The response of the police has been criticised with a lack of resources and development of expertise dedicated to these new forms of crime (HMIC, 2015; Loveday, 2017). There are signs of change and greater focus of the police on this type of crime, such as the Metropolitan Police Service's creation of FALCON to deal with it, but in the main the police have not been able to address to the extent that is required many forms of cybercrime. So like load shedding, load avoidance has created gaps for the commercial sector and vigilante action to fill, an area which will be explored later in this book.

Contracting out

In this form of privatisation the public provider retains responsibility for the funding of the activity, but contracts out the service to the private sector. It is this area that has received the most attention from political actors, the media and academics (Button et al, 2007; White, 2014 and 2015). There are a wide range of functions within police organisations that have been contracted out to the private sector, many of which relate to back-room, administrative type functions, rather than front-line police. In the 1990s the Criminal Justice Act 1991 and further legislation paved the way for the contracting out of some prisons, prisoner escort, magistrates court security. However, during this period there was relatively little interest in contracting out front-line police functions.

The Private Finance Initiative (PFI) where the private sector provide major capital projects and services associated with them over long contracts (25 years+) in return for regular payments had secured some interest from the police in the UK. Writing in 2007 Button et al noted 23 projects the majority of which were for the provision of buildings and associated facilities management functions. The only projects relating to front-line policing were:

- Cheshire Police for centralised custody suites (£185 million over lifetime)
- Sussex Police for centralised custody suites (£270 million over lifetime) (Hansard, 2010).

In these projects purpose built custody suites were built and private security companies provided the staff to run the suites which were originally, Reliance in Sussex and a subsidiary of G4S, Global Solutions Ltd in Cheshire. In 2002 the Police Reform Act was passed and this provided provisions for:

- The Chief Constable to give powers to contracted staff for the purposes of custody and escort (Section 39).
- The establishment of Community Safety Accreditation Schemes, where private security staff (and others) can be recognised and issued with special powers (Section 41).

The legislation also provided for civilian staff to be empowered to undertake police functions such as community support officer, investigation officer, detention officer and escort officers. These combined seemed to suggest a move towards accelerated contracting out of police functions such as custody and escort and where this is not possible workforce modernisation through greater civilianisation, with the additional areas of investigation and patrol (Loveday 2007). It was, however, not until 2012 when a media storm emerged surrounding a proposal by West Midlands Police and Surrey Police for a £1.5 billion contract which was purported to cover politically sensitive services such as 'investigating crimes' and 'patrolling neighbourhoods' (The Guardian, 2012). White (2015) argues the plan was not as wide ranging as the media portrayed, but it nevertheless unleashed a storm of debate which with the culmination of the G4S failure to provide security to the expected level at the London Olympics and the move towards elected Police and Crime Commissioners, most of whom were opposed to police privatisation 'closed the window' of police privatisation.

However, under the radar of the controversy of West Midlands and Surrey, Lincolnshire Police had been pursuing an equally ambitious plan which between 2010 and 2012 had resulted in a £229 million strategic partnership with G4S for 10 years with option for five year extension (White, 2014). This partnership involves frontline services such as the force control room, custody and front counters. It also involves operational support functions such as the crime management bureau, firearms licensing, the identification unit, criminal justice unit, collisions unit and central ticket office; as well as a range of business support functions from fleet, human resources to facilities management.

White (2014 and 2015) argues the 'window' of police privatisation has closed for the time being and that Lincolnshire maybe an atypical case. Indeed a report by HMIC (2012) on money saving collaborations found of 543 schemes only 34 involved the private sector and only custody (amongst software and IT) involved frontline police functions. It would seem contracting out of police frontline functions in the UK has not been significant, despite some evidence of cost savings in areas such as custody (Heath et al 2009; Mawby et al, 2009). There are reasons for this, which will be explored later in this paper, and it would be wrong to assume that contracting out of further police frontline functions in the future is unlikely to grow.

Franchising

There is another dimension to police privatisation that has been overlooked by researchers which, with the advent of Employer Supported Policing (ESP), could become a much more common mode of policing (Button and Wakefield, 2017).

A franchise can be defined as an authorisation by one organisation for another to carry out activities according to specified terms and standards. Franchising is common in many business areas. For example, many fast-food chains such as Subway, Mcdonalds and KFC provide their products, designs of outlets, branding and knowhow for a fee to entrepreneurs in order to expand their market share. There has been no direct attempt at franchised policing in the UK. However, ESP could be seen as a move towards franchised policing.

Following a pilot in the Metropolitan Police Service in January 2010, the ESP scheme was launched. This is an initiative designed to encourage greater recruitment of special constables by encouraging employers to support the special constabulary, according to a four stage model:

- Option 1. Promotion of the concept and encouraging recruitment;
- Option 2. The above plus releasing staff for training and at times of significant emergency, as well as allowing the use of facilities;
- Option 3. Allowing staff 50 per cent time off for training, a minimum of four hours' paid time off per month for duties and published organised policy or guidelines supporting the scheme.
- Option 4. Allowing staff full time off for training and a minimum of eight hours' per month paid time off for duties (National Police Improvement Agency, 2010).

The promotional literature for the scheme highlights the benefits for employers as being seen to support their local community, staff development, improved staff morale and motivation, and greater staff retention/lower recruitment costs (National Police Improvement Agency, 2010). The other benefit that it does not mention is the potential for the employers to secure staff members with constabulary powers linked into the local police network. Specials do not lose their powers when not in uniform and so having trained staff with such powers can potentially be very useful to organisations, even when they are working in their 'normal' jobs. However, a more significant benefit of the scheme is that it enables organisations to possess their own police officers with full constabulary powers, who can be deployed to police their premises in police uniforms. It is this unpublicised element to ESP that provides the basis for franchised policing.

A radical example illustrating this potential is Gunwharf Quays (GWQ) in Portsmouth, which a shopping/leisure complex with residential areas built upon private land. It is an example of private space that is freely open to the public; so called 'quasi-public' or 'hybrid' space (Button, 2007). To address this challenge of policing GWQ and securing greater police presence it embraced the ESP model. In January 2013 the special constables at GWQ consisted of:

- A crime reduction manager employed by GWQ (retired police sergeant): special constable two days per week.
- A contract manager employed by security contractor (licensed security officer): special constable 16 hours per month (by May 2014 she had moved to another job).
- Four licensed security officers undergoing training for this, all employed by the contractor (another four had started, but dropped out): expected minimum of eight hours per month (by May 2014 only two still doing the training).

There had also been two in-house centre managers who were special constables under this scheme, but one had left the organisation and the other had due to the pressures of work had to withdraw from the scheme. There is a specific beat centred around GWQ, but which also extends beyond the borders. Special constables when working this beat are expected to patrol and respond to incidents in this wider area, beyond GWQ.

This scheme is significant because of the acceptance of security employees as special constables, as this has been actively discouraged in the past. However, there is an even more significant element to this scheme. The special constables at GWQ are working as such at their place of work and getting paid for it by their employer. They experience the novel situation of patrolling the site one day dressed as security staff and paid as such and then another day dressed as special constables, but still paid as security staff members. GWQ have therefore gained in effect their own – albeit very small – private police force with constabulary powers. This secures the regular patrol of the site by uniformed police officers, without a drain on the scarce resources of Hampshire Constabulary. For the police, they secure additional police resources, without a drain on their main resources. They are in effect enabling GWQ (and others) to develop a franchise. Police officers are wearing their uniforms, with their powers, trained to their standards, operating to their procedures, but paid for by GWQ. The scheme, however, has not proved popular and like many other areas of police privatisation is a significant symbolic, but small example in the wider UK context.

Embracing private sector management practices

In the next section the extent to which the police have embraced private sector practices will be considered. This takes three broad themes: managerialism, charging fees for services and pursuing sponsorship. It will show there have been some significant examples of the police embracing some of these practices.

i Managerialism

Throughout the Conservative governments of the 1980s and 1990s, the New Labour administrations and then the Conservative and coalition governments there has been the gradual application of private sector practices and what has been termed 'managerialism' or 'NPM' to the public police (Leishman, Cope and Starie 1996, Loveday 1999). There have been a variety of reforms and initiatives seeking to make police managers act more like private sector managers with a focus on costs, value for money etc (Button et al, 2007). A number of specific areas of reform in the last 10 years in the context of growing austerity have pushed these areas further. The Winsor review produced many recommendations on police pay and conditions – many of which have been implemented – such as lower starting pay for new recruits, restrictions on overtime pay, direct entry and most significantly the ability for chief officers to make police officers redundant so they can re-organise their workforces more easily – although this is still to be implemented (Loveday, 2015). Loveday (2015) also notes greater force collaboration on the provision of services and the development of mixed economy teams using both civilians and police officers in the delivery of services traditionally delivered by police officers. It is worth in-particular noting the introduction of direct entry which has enabled persons with suitable skills and experience to enter directly at the Inspector and Superintendent levels. Many of those who have been successful to date in securing direct entry have come from the private sector. Perhaps the most significant illustration of how managerialism has affected the way police do things was the example of the Metropolitan Police Service and the comments of Deputy Assistant Commissioner, Mark Simmons relating to not responding to a variety of crime types for economic reasons for the purposes of saving £400 million – a very different approach from a traditional public service ethos of serving the community for all types of crime – no matter the cost.

ii Charging fees for services

The police have long charged for 'special services' particularly for the officers they provide at football matches and public order events (Gans, 2000). Under the Police Act of 1964 (now section 25 of the Police Act 1996):

> The chief officer of police of any police force may provide, at the request of any person, special police services at any premises or in any locality in the police area for which the force is maintained, subject to the payment to the police authority of charges on such scales as may be determined by the authority (cited in Gans 2000: 187).

Under section 18 of the same Act the police authority can also supply goods and services to local authorities. It is not the aim here to explore the debate over what constitutes 'special policing services', rather to illustrate some of the services the police have provided. It has been a longstanding practice for the police to charge for the services they provide at football matches and other public events on private land. Some of the different levels of charging for services will now be considered.

The most significant level has involved a variety of specialist police units within existing police forces which have been funded by private and/or other public bodies. Table 1.1 below lists the main bodies:

Table 1.1. Privately funded police departments in the UK

Name of Unit	Brief Description
The Dedicated Card and Payment Crime Unit (DCPCU)	A dedicated unit formed in April 2002 of police officers drawn from the COLP and Metropolitan Police Service in partnership with Financial Fraud Action and the Home Office to investigate card and cheque fraud, particularly by organised gangs. It is funded by the banking and card industry at about £3.3 million per year (Financial Fraud Action UK, 2017, p 31).
National Vehicle Crime Intelligence Service (NaVCIS)	The National Vehicle Crime Intelligence Service (NaVCIS) is a police unit dedicated to preventing and investigating vehicle crime which is funded by the Finance and Leasing Association.
Insurance Fraud Enforcement Department (IFED)	This was founded in January 2012 to tackle insurance fraud. It is based in the COLP and has a 34 team of investigators and is funded by the Association of British Insurers for £11.7 million for 3 years (City of London Police, n.d.).
Police Intellectual Property Crime Unit (PIPCU)	The Police Intellectual Property Crime Unit (PIPCU)is a specialist unit of COLP dedicated to protecting the intellectual property of the UK industry. It is funded by the Government body the Intellectual Property Office (IPO) for £3 million from June 2015 through to 2017 (City of London Police, 2016).

The units described above represent quite significant – albeit small and specialised – examples of the private funding of the police. DCPCU was the original pioneer. There is clearly huge benefits to the financial services sector and members of the public who are victims of card fraud. The interests served by the DCPCU are therefore broad to encompass both the private interests of the banks and the public interest of consumers. The other units, however, tend to serve a much narrower group of interests in the member bodies that fund them. So for example IFED investigates insurance fraud, benefiting insurance companies, but members of the public would only benefit in a theoretical case that the work of IFED reduces insurance fraud leading to lesser premiums. There have also been some criticisms that the formation of IFED has actually frozen some linked sectors out of securing public policing responses, such as the credit hire sector. PIPCU is not funded by the private sector, but is funded by the Government for the benefit of the private sector. These initiatives have largely escaped political and academic scrutiny and clearly there are issues that arise from them that require greater attention.

Setting aside the common payment for police officers for large public events such as football matches and pop concerts, there have also been examples of some bodies purchasing police officers to support other policing staff or for a specific function. In one of the most significant examples the Metropolitan Police Service runs a scheme called MetPatrol Plus. Under this scheme police officers can be purchased for £66,000 per year (A Chief Inspector for £95,000) and there have even been incentives of 'buy one get one free'. Around 348 officers in 24 of the London's 32 boroughs are funded in this way (The Economist, 2016). These have been largely utilised to enhance patrol in particular locations, police the night time economy and business districts. Across the whole of the UK it was estimated 1100 police officers and PCSOs have been funded by councils, schools, shopping centres and residents amounting to over £20 million in funding (Barrett, 2016). The same article identified West Yorkshire Police as the biggest source of private funding for such functions with 132 police officers and 450 PCSOs funded by local government. It is not just other public sector bodies that have hired police officers, the British Oil Security Syndicate, paid more than £30,000 for a dedicated officer to fight crime at petrol stations (Daily Telegraph, 2012).

As well as hiring police officers out the police also charge for a variety of services, some of which were once provided free of charge. Earlier the fees for a URN to secure police attendance to an alarm activation was noted. This is just one of many areas where the police levy charges, indeed, the National Police Chiefs Council (NPCC) produces guidance and how to cost services and even recommended rates for police on a variety of services (NPCC, 2016). Some are uncontroversial such as the fees for firearms licence applications, but some illustrate how many of the functions the police undertake for the purposes of other sectors – such as insurance – lead to charges. Table 1.2 provides an illustration of some of these rates, there are many more in the actual guidance.

Table 1.2. Selected recommended charging rates for police services 2015–16

Service	Rate £
Copy of Accident Report (full extract up to 30pages)	91.80
Copy of existing Statement (per statement – up to 3 pages)	33.70
Copy of Collision Reconstruction Report (unless provided as full extract)	65.50
Copies of audio tapes	78.60
Interview with Police Officer (per Officer)	130.90
Request for a statement to be written by Police Officer	130.90
Request for information (up to 2 hours work)	82.40
Firearms Certificate Grant	88.00

Not included in the guidance are all police charges for services. One area of police charges that has proved controversial amongst some, has been the charges levied for the return of certain stolen property, such as cars. Such practices which were associated with the corruption of the old system of policing before the emergence of the modern police with the formation of the Metropolitan Police in 1829, where thieves would charge for the return of stolen property Button (2002). Modern practices have no linkage to those corrupt historic ways, but it is ironic that modern police are charging for such services. Each police force has its own policy, but as an example Nottinghamshire Police will charge £150 for the return of a stolen vehicle under 3.5 tonnes which is upright with £20 per day for any storage time. Charges vary according to the size and condition of it (Nottinghamshire Police, n.d.). The legal basis for these charges are set out under:

> 'The Removal, Storage and Disposal of Vehicles (Prescribed Sums and Charges) Regulations 2008', 'The Police (Retention and Disposal of Motor Vehicles)(Amendment) Regulations 2008' and 'The Road Traffic Act (Retention and Disposal of Seized Motor Vehicles) (Amendment) Regulations 2008'(Nottinghamshire Police, n.d.).

iii Sponsorship

Another area where the police have sought to generate additional income has been through sponsorship. In 2000 an expose by the Sunday Times illustrated some of the more bizarre sponsorship deals many forces would consider. Posing as executives from a fictional firm called 'Keystone Security' (Keystone

Cops!), for the appropriate fee several forces offered to emblazon their name on their vehicles. North Yorkshire police even offered to name an anti-burglary campaign after them and in Leicestershire, they suggested their name, Keystone Security, could be located on the wall of a new police station shared with the local authority. Many forces have been successful in receiving money for advertising certain companies (Chittenden, 2000). There have been many real examples of police pursuing such sponsorship. In 2015 the Police and Crime Commissioner of Bedfordshire Police revealed he would be willing to accept corporate sponsorship from the airline Easyjet (which has a major hub in the force area) where their logo would be on the uniforms and vehicles of the force. In the past there have been some significant examples of actual sponsorship. Harrods –when owned by Mohamed Al Fayed – has sponsored a police patrol car for the MPS, as well as Thresher, which sponsored a police van (Chittenden, 2000). In 2008 the crime novelist Peter James sponsored a police vehicle in Sussex police for £9000, which had in bright yellow letters on both sides, 'Peter James – No 1 for Crime Writing' (The Argus, 2008). Some forces have dedicated staff with responsibility for income generation, which covers sponsorship (See Bedfordshire Police, n.d.). The focus upon visible sponsorship of vehicles and uniforms, however, is only part of the overall picture, because there are many other ways corporate bodies sponsor the police:

- Sponsoring events, initiatives, publications etc;
- Providing gifts (ie tickets to concerts, football matches) – for police personnel or for prizes for other fundraising;
- Donating equipment, such as mountain bikes;
- Providing meals, accommodation etc; and
- Inviting staff to prestigious events.

Conclusion

This paper has considered the extensive privatisation that has occurred to and around the police in the UK. It has shown there has been substantial load shedding and resistance that has facilitated the growth of private initiatives around the police. These have been significant but have been less contested. The paper then considered the contracting out and some of the more contentious areas of direct privatisation that have been applied to the police. These have not been significant in size, but have caused the most debate, political and academic interest. Franchising and the embrace of private sector practices were the final area to be considered. Setting aside contracting out police privatisation is an area that requires much more research given the small base and even contracting out, which has experienced some attention needs more interest from researchers. The global comparison of the experience of privatisation also needs to be considered.

References

The Argus (2008) Police car sponsored by crime writer. Retrieved from http:// www.theargus.co.uk/news/2326683.police_car_sponsored_by_crime_writer/

Atkinson, R. (1990) Government During the Thatcher Years. In S. Savage, R. Atkinson and L Robins (Eds), *Public Policy in Britain*. Chatam: Mackays.

Barrett, D. (2016) Revealed: Britain's privately-funded police force. Retrieved from http://www.telegraph.co.uk/news/uknews/law-and-order/12064205/ Revealed-Britains-privately-funded-police-force.html

BBC News (2015) Sara Thornton: Police may no longer attend burglaries. Retrieved from http://www.bbc.co.uk/news/uk-33676308

Bedfordshire Police (n.d.). About income generation. Retrieved from https:// www.bedfordshire.police.uk/information-and-services/About-us/Income-generation/About-income-generation.aspx

Bryett, K. (1996) Privatisation – Variation on a Theme. *Policing and Society*, 6 (1), 23–35.

Button, M. (Forthcoming) *Private Policing*. 2nd Edition. London: Routledge.

Button, M. (2002) *Private Policing*. Cullompton: Willan.

Button, M. and Wakefield, A. (2017) 'The real private police': franchising constables and the emergence of employer supported policing. In A., Hucklesby and S. Lister (Eds.). *The Private Sector and Criminal Justice*. Basingstoke: Palgrave Macmillan.

Button, M., Wakefield, A., Brooks, G., Lewis, C., and Shepherd, D. (2015). Confronting the "fraud bottleneck": private sanctions for fraud and their implications for justice. *Journal of Criminological Research, Policy and Practice*, 1(3), 159–174.

Button, M., Williamson, T., and Johnston, L. (2007). Too many chiefs and not enough chief executives' Barriers to the development of PFI in the police service in England and Wales. *Criminology & Criminal Justice*, 7(3), 287–305.

Cahalane, M. (2001) Reducing False Alarms Has A Price-So Does Response: Is the Price Worth Paying? *Security Journal*, 14 (1), 31–54.

Chaiken, M. and Chaiken, J. (1987) *Public Policing – Privately Provided*. Washington DC: National Institute of Justice.

Chittenden, M. (2000) For Hire: Britain's Keystone Cops. *The Sunday Times*, 22nd of October, 2000.

City of London Police (n.d.) Retrieved from https://www.cityoflondon.police.uk/advice-and-support/fraud-and-economic-crime/ifed/Pages/Frequently-asked-Questions.aspx#cost

City of London Police (2016) About PIPCU. Retrieved from https://www.cityoflondon.police.uk/advice-and-support/fraud-and-economic-crime/pipcu/Pages/About-PIPCU.aspx

Daily Telegraph (2012) Met Police earned almost £23 m in gifts and sponsorship. Retrieved from http://www.telegraph.co.uk/news/uknews/crime/9647703/Met-Police-earned-almost-23m-in-gifts-and-sponsorship.html

Donahue, J., D. (1989) *The Privatisation Decision*. Unknown: Basic Books.

The Economist (2016) How to hire your own London policeman. Retrieved from https://www.economist.com/news/britain/21711917-capital-offering-buy-one-get-one-free-deal-officers-how-hire-your-own-london

Financial Fraud Action UK (2017) Annual Review 2017. Retrieved from https://www.financialfraudaction.org.uk/wp-content/uploads/2016/07/FFA_Annual_Review_2017_WEB.pdf

Fixler Jr, P. E., and Poole Jr, R. W. (1988). Can police services be privatized?. *The ANNALS of the American Academy of Political and Social Science*, 498(1), 108–118.

Flynn, N. (1997) *Public Sector Management*. Hemel Hempstead: Prentice Hall.

Forst, B. and Manning, P., K. (1999) *The Privatisation of Policing*. Washington DC: George Washington University Press.

Frosdick, S. and Sidney, J. (1997) The Evolution of Safety Management and Stewarding at Football Grounds. In S. Frosdick and L. Walley (Eds), *Sport and Safety Management*. Oxford: Butterworth-Heinemann.

Fraud Review Team. (2006). *Interim Report*. Retrieved from http://www.lslo.gov.uk/pdf/Interim Fraud Report

Gans, J. (2000) Privately Paid Public Policing: Law and Practice. *Policing and Society*, 10 (2), 183–206.

Ghanaweb (2015) Private Corporate Sponsorship Of The Ghana Police Service (Part 1) Retrieved from https://www.ghanaweb.com/GhanaHomePage/features/Private-Corporate-Sponsorship-Of-The-Ghana-Police-Service-Part-1-342796

Goldsworthy, T. (2015) Australian Police Tread Thin Blue Line on Corporate Sponsorship. *The Conversation*. Retrieved from https://theconversation.com/australian-police-tread-a-thin-blue-line-on-corporate-sponsors-40068

Grabosky, P. N. (2007). Private sponsorship of public policing. *Police Practice and Research*, 8(1), 5–16.

The Guardian (2017) Low-level crimes to go uninvestigated in Met police spending cuts. Retrieved from https://www.theguardian.com/uk-news/2017/oct/16/low-level-crimes-to-go-uninvestigated-in-met-police-spending-cuts

The Guardian (2012) Revealed: government plans for police privatisation. Retrieved from https://www.theguardian.com/uk/2012/mar/02/police-privatisation-security-firms-crime

Hansard (2010) Retrieved from https://publications.parliament.uk/pa/cm201011/cmhansrd/cm100705/text/100705w0003.htm#10070539000327

Heath, G., Mawby, R. C., & Walley, L. (2009). Workforce Modernization in Police Detention Suites: The Dilemmas of Outsourcing in Public Services. *Policing: A Journal of Policy and Practice*, 3(1), 59–65.

Her Majesty's Inspectorate of Constabulary (HMIC) (2015) *Real Lives, Real Crimes: A Study of Digital Crime and Policing.* London: HMIC.

HMIC (2012) *Increasing Efficiency in the Police Service.* London: HMIC.

Home Office (1995) *Review of Police Core and Ancillary Tasks Final Report.* London: HMSO.

Johnston, L. (1991) Privatisation and the Police Function: From 'New Police' to 'New Policing. In R. Reiner and M. Cross (Eds), *Beyond Law and Order: Criminal Justice Policy and Politics in the 1990s.* Basingstoke: MacMillan.

Johnston, L (1992) *The Rebirth of Private Policing.* London: Routledge.

Jones, T. and Newburn, T. (1998) *Private Security and Public Policing.* Oxford: Clarendon Press.

Leishman, F., Cope, S. and Starie, P. (1996) Reinventing and Restructuring: Towards a 'New Policing Order. In F. Leishman, B. Loveday and S. Savage (Eds), *Core Issues in Policing.* London: Longman.

Loveday, B. (2017). Still plodding along? The police response to the changing profile of crime in England and Wales. *International Journal of Police Science & Management*, 19(2), 101–109.

Loveday, B. (2015) Police management and workforce reform in a period of austerity. In P. Wankhade and D. Weir (Eds), *Police Services.* London: Springer.

Loveday, B. (2007). Re-engineering the police organisation: Implementing workforce modernisation in England and Wales. *The Police Journal*, 80(1), 3–27.

Loveday, B. (1999) Managing the Police. In S. Horton and D. Farnham (Eds), *Public Management in Britain.* Basingnstoke: MacMillan.

Manchester Evening News (2017) This is how unlikely certain crimes are to be investigated in Manchester. Retrieved from http://www.manchestereveningnews.

co.uk/news/greater-manchester-news/you-victim-crimes-how-unlikely-12811431

Mawby, R. C., Heath, G., and Walley, L. (2009). Workforce modernization, out-sourcing and the "permanent revolution" in policing. *Crime Prevention and Community Safety*, 11(1), 34–47.

National Police Chiefs Council (2016) *National Policing Guidelines on Charging for Police Services*. Coventry: NPCC.

National Police Chiefs Council (2015) Guidelines on Police Requirements and Response to Security Systems. Retrieved from http://www.securedbydesign.com/wp-content/uploads/2015/08/Security_Systems_Policy_2015.pdf

Nottinghamshire Police (n.d.) Vehicle recovery and storage pricing matrix. Retrieved from http://www.nottinghamshire.police.uk/sites/default/files/documents/files/Vehicle%20recovery%20and%20storage%20charges.pdf

O'Leary, D. (1994) Reflections on Police Privatisation. *FBI Law Enforcement Bulletin*, September: 21–25.

ONS (2015) Chapter 1 Perceptions of the Police. Retrieved from https://visual.ons.gov.uk/backup/wp-content/uploads/sites/3/2015/03/Crime-Chapter-1.pdf

Reiss, A., J. (1988) *Private Employment of Public Police*. Washington DC: National Institute of Justice.

San Francisco Police (n.d) Patrol Specials.Retrieved from http://sanfranciscopolice.org/patrol-specials

Selby, W., G. (2015) Not so fast: Cops fired, private security hired, crime plummets in Sharpstown? Retrieved from http://www.politifact.com/texas/article/2015/mar/08/not-so-fast-cops-fired-private-security-hired-crim/

White, A. (2015). The politics of police 'privatization': A multiple streams approach. *Criminology and Criminal Justice*, 15(3), 283–299.

White, A. (2014). Post-crisis policing and public–private partnerships: The case of Lincolnshire Police and G4S. *British Journal of Criminology*, 54(6), 1002–1022.